AF283746

DESPUÉS DE AUSCHWITZ

DESPUÉS DE AUSCHWITZ

Hilario J. Rodríguez

PORTÁTIL

Del texto:
© Hilario J. Rodríguez, 2026

Director de colección: Hilario J. Rodríguez

Editor: Ramiro Domínguez Hernanz

© Diseño de cubierta: Hilario J. Rodríguez y Ramiro Domínguez

C/ San Gregorio, 8, 2, 2ª Madrid
España
www.silexediciones.com

ISBN: 979-13-88205-04-0
Depósito Legal: M-6762-2026
Colección: Sílex-Portátil

Impreso y encuadernado en España

Contenido

—Estamos ante un desierto.

—Sí, pero un desierto es un espacio y un espacio se cruza.

Del guion de *Cielo amarillo*
(1948, William A. Wellmann),
escrito por W. R. Burnett.

Al escribir sabes qué y por qué, aún no sabes cómo.

IMÁGENES ERRANTES

Estar en una narración es como estar en casa. Hubo un tiempo en que estar en una imagen también era como estar en casa.

Hacia 2006, más o menos, el cineasta, fotógrafo y escritor portugués Daniel Blaufuks se quedó hipnotizado al ver una fotografía en la novela *Austerlitz*, de W. G. Sebald. Tal como la describe en su libro *Terezín*, podría ser una oficina, con una mesa y cuatro sillas en torno a ella, y las paredes cubiertas por estanterías donde en lugar de libros hay subcarpetas con documentos. Su mente, al carecer de referencias claras a partir de la obra de Sebald, enseguida la relacionó con el espacio donde trabajaba Bartebly en el relato de Herman Melville y con la obra de Franz Kafka. Más de una vez estuvo tentado de preguntar al editor cuál era el verdadero origen de aquella imagen, ya que Sebald llevaba muerto varios años, pero nunca llegó a animarse, del mismo modo que —tal como él mismo explica— jamás habría molestado a su autor aunque todavía estuviese vivo. Una casualidad, sin embargo, le ayudó al encontrar la imagen en un libro de fotografías tomadas por Dirk Reinartz en diferentes campos de concentración alemanes durante la Segunda Guerra Mundial, donde se especificaba que había sido capturada en Theresienstadt, Terezín en checo.

En 2009, Blaufuks preparaba un trabajo multidisciplinar a partir del diario de Ernst K. desde 1926 a 1930, cinco cuadernos de pequeñas dimensiones y con tapas de color verde oscuro y negro que habían caído en sus manos de forma accidental (o no tanto). Según fue descubriendo, Ernst K. era un joven judío con aspiraciones literarias, asfixiado por los problemas económicos de su familia tras la muerte de su padre, y cuyo deambular por Alemania en el periodo de entreguerras le describe como alguien en busca de una identidad mientras algo a su alrededor se desintegraba. Aunque conoce a una joven, los diarios, seguramente continuados pero perdidos desde 1930 en adelante, se interrumpen de manera abrupta y nunca se llega a saber si se casó con ella o cuál fue su suerte en cuanto dio comienzo la barbarie que se avecinaba. Para no caer en ese vacío, Blaufuks decidió seguir sus pasos posteriores inventando estrategias muy similares a las de los personajes de Sebald, todos ellos detectives benjaminianos, habitantes de un archivo donde les esperan miles de documentos pendientes de analizar y entender, además de aguardarles la constatación de que «todo documento cultural siempre acaba convirtiéndose en un documento sobre la barbarie». Fue así, durante una sinuosa investigación, como descubrió a través de Hans K., un famoso novelista de la época, que su hermano Ernst y su madre habían sido deportados al campo de concentración de Terezín en 1942, una coincidencia que devolvió a Blaufuks a la imagen de *Austerlitz*. Seguramente notó en esta última una maquinaria capaz de triturar su mente si no hacía algo con ella, por eso decidió incorporarla como punto de partida de su trabajo sobre los cinco cuadernos de Ernst K., cuya escritura había quedado

Toda imagen acaba convirtiéndose en un texto secreto

suspendida en 1930. No podía prever cuanto se le avecinaba, porque en un viaje a Terezín, al explorar la imagen utilizada por Sebald en *Austerlitz* y tomada por Dirk Reinartz, no solo pudo comprobar su perturbadora permanencia en la realidad, con leves cambios pero en esencia con los mismos elementos: una mesa, sillas, estanterías y subcarpetas, todo más o menos en los mismos sitios; sino que además allí encontró otras imágenes.

Mientras yo vivía en Nueva York, entre 2004 y 2005, los responsables del Festival Internacional de Cine de Huesca, para el cual trabajaba por aquel entonces como programador y asesor, me pidieron que buscase unas filmaciones rodadas en la década de los cuarenta en un campo de concentración alemán. Querían incluirlas en un ciclo titulado *Kurt Gerron, entre el cabaret y Auschwitz*. Aunque hoy en día se pueden encontrar en una edición comercial de

2010 en el catálogo de Seventh Art Releasing y consultarse en diferentes archivos del Holocausto, por aquel entonces me costó mucho encontrar *Der Führer schenkt den Juden eine Stadt* (algo así como *El Führer le regala una ciudad a los judíos*), cuyo particular estreno, con solo cuatro pases privados antes de que la única copia desapareciera, tuvo lugar a finales de 1944.

La ciudad descrita en las filmaciones es Terezín, en realidad un acuartelamiento rodeado por murallas en XVIII por el emperador austríaco José II, para proteger la región de Bohemia de cualquier posible invasión desde el noroeste. En octubre de 1941, los nazis decidieron utilizarlo como gueto en el protectorado de Bohemia y Moldavia, enviando primero a 342 prisioneros, al mes a 1.000 más, hasta llegar a tener en menos de un año una población de 50.000 personas aunque su capacidad original se hubiese establecido en 7.000, con lo cual sus habitantes checos se vieron obligados a irse de allí por un decreto de febrero de 1942. No se querían testigos incómodos que pudieran apercibirse del plan nazi, que en principio consistía en enviar allí temporalmente a los judíos a quienes luego se gasearía en Auschwitz.

Un grupo de 456 judíos enviados a Terezín desde Dinamarca despertó los recelos del gobierno danés, que exigió que se dejase entrar en la ciudad a observadores de la Cruz Roja, para comprobar cómo se trataba allí a los prisioneros. O sea que los nazis tuvieron que reaccionar. La renovación llevó meses. Se adecentaron las calles, se pintaron las fachadas de las casas, se plantaron flores en los jardines y se construyó un parque infantil; se reabrieron las tiendas con sus escaparates llenos de productos apetecibles, se construyó un banco, y el centro deportivo se convirtió en una especie de ágora, con representaciones teatrales, conferencias y conciertos. Cuando la Cruz Roja vio todo aquello en junio de 1944 emitió un informe muy favorable. Los nazis entonces decidieron hacer una película antes de desmantelar el decorado, quizás con el fin de estrenarla internacionalmente. Querían mostrar judíos felices, sonrientes, bien alimentados, deportistas, cultos, niños correteando por las calles... Plácidas imágenes para una maquinaria de propaganda perversa.

Pero de todo eso me fui enterando a medida que hacía mis pesquisas para dar con una copia en condiciones de la película y además con unos derechos de exhibición asequibles. Cuando la encontré, a través de una productora canadiense de dvds, no solo me enviaron dos copias por 15 dólares estadounidenses sino que además cedieron los derechos de exhibición en el Festival de Huesca de manera gratuita, sin interesarse siquiera por el número de pases que se iban a hacer.

Antes de enviar una copia a España, hice el informe correspondiente, con varias sugerencias que reescribo a continuación:

– Se debe hacer una advertencia previa a quienes pretendan ver la película, para que nadie se lleve una sorpresa desagradable.

– También se debería imprimir un folleto informativo donde se explicase cuál fue su génesis y la suerte de su director (a quien se envió a las cámaras de gas de Auschwitz sin haberla terminado).

– Alguien debería hacer una presentación muy matizada.

– No estaría mal proyectarla en una sesión doble, con algún clásico expresionista, no para rebajar el posible impacto de la película sino para hacerlo más evidente aún, dejando clara la perversidad de sus imágenes, aparentemente pastorales, y la extraña carga premonitoria que le proporcionan a muchas películas alemanas hechas en la década de los veinte. Sería como contraponer una mentira documental y una verdad fícticia.

– Para que en ningún momento los espectadores pierdan de vista el carácter de escenificación de la película, no estaría mal que hubiera un título sobreimpuesto a las imágenes a lo largo de todo el metraje, recordando la impostura nazi. No creo que se pudiera considerar una agresión al séptimo arte; aquí hablamos de otra cosa, me parece a mí.

– Yo incluso solarizaría las imágenes o las tintaría de algún color, como recordatorio de aquello que Christian Boltanski llamaba «el color de la memoria».

– De hecho, se podría ralentizar la velocidad de la película, para desarticular su pista de sonido y para desarticular también las propias imágenes (aunque entiendo que algo así no suene razonable).

– No creo que sea necesario abrir un coloquio al final de la proyección. Esta película no requiere ningún tipo de diálogo, al menos desde mi punto de vista. Se podría hablar sobre ella como documento de algún tipo, pero entonces habría que convocar a un público más específico, y no será el caso.

Cuando a finales de 2014 compré *Terezín*, el libro de Daniel Blaufuks, me sorprendió que las capturas de *Der Führer schenkt den Juden eine Stadt* que había entre sus páginas estuviesen viradas a rojo y que sobre todas hubiese un rótulo recordando que provenían de un «staged nazi film» (un falso documental nazi). Al leer las constantes referencias que se hacían a *Austerlitz* de Sebald, que yo había leído en 2001 pero del cual me acordaba solo en parte, decidí sumergirme de nuevo en su lectura, encontrándome con imágenes instaladas de manera precisa en mi memoria y con otras sorprendentes, cuyo olvido me pareció entonces inexplicable. Me sorprendieron, sin ir más lejos, los comentarios sobre las intrincadas arquitecturas de ciertas fortificaciones. Pero lo que de verdad me llamó la atención fue la alusión a la película dirigida por Kurt Gerron en el campo de Terezín, que el narrador consigue ver aunque al final de su proyección piense en encargar una copia a cámara lenta, para desmontar las imágenes y poner en evidencia su carácter ficticio, su capacidad para mentir aun cuando creemos saberlo todo sobre ellas.

Tanto Blaufuks en *Terezín*, donde incluye una copia de *Der Führer schenkt den Juden eine Stadt* virada a rojo y a cámara lenta (alterando así su pista de sonido), como Sebald en *Austerlitz*, donde describe la película como un terrorífico experimento para borrar la realidad de ciertas imágenes, buscan en los encuadres a dos personajes desvanecidos en la Historia con mayúscula y que en vida pasaron por Theresienstadt. Por supuesto, no los encuentran. A quien Daniel Blaufuks y W. G. Sebald encuentran es al Caligari que todos llevamos dentro, que ya no es el cine con la capacidad que algún día tuvo para dar forma al futuro antes de que nos alcanzase, sino sus espectadores por haber sido los peores testigos posibles.

La vida privada del doctor Mabuse

En una mesa redonda celebrada hace ya unos cuantos años, Claude Lanzmann y Jean-Luc Godard se enfrascaron en una acalorada discusión. El primero aseguraba que no solo no quedaban filmaciones de lo que había sucedido en las cámaras donde se gaseó a los judíos durante la Segunda Guerra Mundial sino que además esas filmaciones nunca se habían hecho; y el segundo afirmaba lo contrario, por supuesto. Uno y otro enseñaban los dientes para alejar a cualquier posible intruso de «su Holocausto», como si la cuestión únicamente les perteneciese a ellos. Da igual quién de los dos tuviese razón, lo importante en este caso es que ninguno de ellos estuvo interno en un campo de concentración o exterminio, pese a lo cual sus opiniones al respecto parecían ser las de comisarios culturales que no admiten réplicas de ningún tipo, algo que suele suceder cuando los juegos intelectuales se superponen a la experiencia. Jorge Semprún, en un acto con motivo del 65º aniversario de la liberación del campo de concentración de Buchenwald, donde él estuvo preso durante varios meses, reconocía que dentro de poco los últimos testigos del Holocausto habrán muerto y se instaurará la Historia, y en adelante a las víctimas no las velarán los supervivientes sino una serie de personajes que confían la verdad de los hechos a la exactitud de las cifras y las fechas, al carácter pseudo científico y no al epistemológico de toda verdad.

Saber cómo actuar ante la historia requeriría primero que fuésemos capaces de desmontarla como quien desmonta un reloj para devolverlo al tiempo. Stephen Hawking usó una de las leyes de la termodinámica para demostrar de qué manera una taza hecha añicos al caer al suelo recompone sus pedazos si la situamos de nuevo en el pasado, mientras que al futuro solo llegarán sus fragmentos. El problema es cómo recuperar el pasado, la taza intacta. Buena parte de las narrativas actuales toman el camino del *remake* y el *reenactment*, la versión y la recreación, para invertir la fecha del tiempo y dirigirla hacia atrás, con mecanismos forenses que permiten regresar al lugar del crimen y ver cuál era la utilidad de las cosas que hoy hemos convertido en símbolos, aunque a veces no sepamos de qué. Yo mismo, cuando visito Praga, suelo ir desde la tumba de Franz Kafka hasta la casa donde nació, como si de esa manera pudiese revertir su muerte y devolverlo a la vida. Durante el trayecto me parece que, en lugar de caminar, estoy escribiendo el camino (o el camino me escribe a mí). Dinámicas parecidas, entre la repetición y la sincronización, pueden observarse en algunas novelas de Agustín Fernández Mallo, Bruno Galindo o Clara Usón, pero también en la renacida y reconfigurada literatura de viajes, tal como la practican Patricia Almárcegui, Marta Rebón o Azahara Alonso. Innovan a partir de lo preestablecido, convertidas en clones del Pierre Menard de Jorge Luis Borges. Sus obras puede que se parezcan a aquellas que evocan o repiten, pero sus contextos actuales las hacen nuevas, les añaden detalles, reparan y provocan desperfectos, las sitúan en un tiempo que no les pertenece y que, sin embargo, se abre a ellas y las acoge, debidamente actualizadas. Actúan como antes actuaban los cánones y las academias (cuyo campo de acción es cada vez menor), aunque no se comporten como domadoras de leones con látigo, sino más bien como astronautas o viajeras del tiempo. No imponen, sugieren.

La vida de Franz Kafka en reverso, desde su tumba
a la casa donde nació (Praga, 2022)

También el *sampling*, el arte de mezclar como un buen DJ, ayuda a actualizar argumentos antiguos al presentarlos con ropajes nuevos, como hacen Mariana Enríquez o Leila Guerriero con la historia argentina desde los años setenta en adelante, abordándola con los mecanismos de la literatura de género, la crónica y la novela documental. Las suyas ya no son voces individuales o puntos de vista unívocos, sino coros en los que no hay distinción entre los vivos y los muertos, fusionados en la red más amplia —como diría Agustín Fernández Mallo— de la historia de la humanidad. Son discípulas del doctor Mabuse, hipnotizadoras e hipnotizadas, médiums a través de las cuales el pasado emite una señal luminosa dirigida hacia el futuro. Con sus obras reflejan el desorden y la multiplicidad de nuestro sistema social, de su caótica forma de preservar el pasado, vivir el presente y prepararse para el futuro. Actúan como si fuesen capaces de introducirse en el caótico mecanismo del tiempo, para acabar controlándolo o simplemente controlándonos. Son, hasta cierto punto, científicas locas: mezclan los hechos con la magia de la literatura, borran las fronteras entre lo real y lo ficticio a través de alguna forma de manipulación, como el periodismo, el hipnotismo, la literatura fantástica, las drogas, el sueño o la ilusión. En ese sentido, sus dispositivos literarios parecen sus aliados.

Sabíamos que cada escritor generaba sus propios sucesores y precursores, pero últimamente hemos visto cómo cada uno ha comenzado a elaborar sus propios materiales para referirse al pasado, al presente o al futuro. Si nos desplazamos al mundo del cine durante unas líneas, vemos cómo hace unas décadas Todd Haynes decidió utilizar muñecas barbie en un cortometraje para escenificar la muerte de la cantante Karen Carpenter, a consecuencia de una anorexia nerviosa no diagnosticada y a la que nadie le había prestado demasiada atención antes de su trágico final. Las muñecas sustituyeron a los personajes reales al mismo tiempo que se convertían en pruebas de cómo en aquella época la extrema delgadez les era sugerida a las niñas desde una temprana edad, a través de sus juguetes. También la cineasta Albertina Carri utilizó muñecas barbie para uno de sus cortometrajes, en su caso con la idea de sugerir la tristeza de un icono a quien traiciona Ken, su marido, y sobre el que pesa la melancolía de vivir una existencia sin tiempo, con un pasado clausurado y un futuro envuelto en una turbia atmósfera de alcohol y antidepresivos, mientras el planeta se degrada progresivamente y avanza hacia ese momento que científicos, geólogos y climatólogos anuncian como punto de no retorno.

Antes perdíamos pasados pero ganábamos futuros, ahora hemos perdido el futuro y ya no sabemos cómo regresar al pasado. Eso, al menos, es lo que también nos cuenta Albertina Carri en *Los rubios* (2003). Hija de padre y madre desaparecidos durante la dictadura de Videla, cuando ella tenía tres años, los cadáveres nunca aparecieron y así su pasado quedó de algún modo pendiente, hasta que, convertida ya en cineasta, decidió construir una máquina del tiempo distinta de las reconstrucciones históricas, juicios y presentes traumáticos a los que hasta entonces estaba habituada la cultura argentina. Con las armas de un diario fílmico y un documental, las estrategias del cine dentro del cine, una caja de muñecos Playmobil y una actriz encargada de interpretar a Albertina Carri, la película es una deriva por barrios de Buenos Aires donde en el pasado había vivido la familia de la cineasta, a cuyos miembros los vecinos y conocidos recuerdan como rubios aunque en realidad ni uno solo lo fuese. Ella, no obstante, tiene que conformarse con lo que le cuenten, sea verdadero o falso, porque sus padres, el pasado que ellos encarnan, es todo él una construcción, nunca llegó a conocerlos del todo. A diferencia de sus dos hermanas, que tenían diez y doce años cuando los padres desaparecieron, Albertina no es siquiera capaz de visualizar a sus progenitores, de evocar experiencias a su lado, de armar una narración. Por eso decide prescindir, llegado un momento, de fotografías, material de archivo y muchos testimonios, al darse cuenta del peligroso riesgo de que se apropien de su película y la conviertan en «otra película más sobre la dictadura de Videla» y no en lo que finalmente es: una experiencia desde el vacío y sobre el vacío, no muy distinta del *Austerlitz* de W. G. Sebald, que es una ficción sobre el Holocausto sin utilizar el Holocausto de manera directa, del mismo modo que *Los rubios* es un documental sobre la dictadura de Videla sin utilizar materiales de la época. La desaparición de los padres de Albertina la encarnan unos muñecos Playmobil rodeados de vaquitas y caballitos Playmobil, en una granja Playmobil, que lejos de resultar naif, resultan dolorosos y muy siniestros.

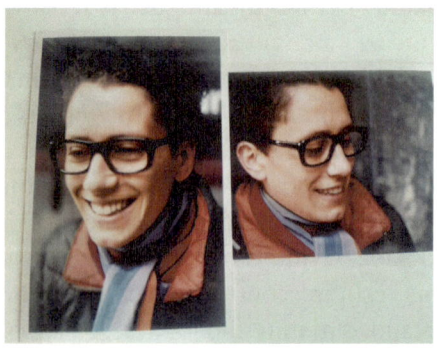

Albertina Carri en la rueda de prensa con motivo
de la presentación de *Los rubios* en el Festival de Gijón de 2003

La revuelta insolente de Albertina Carri contra el cine argentino y contra la historia reciente de su país es tan necesaria como la imposibilidad del protagonista de la novela de W. G. Sebald para encontrar el rostro de su madre en una película pese a ralentizar las imágenes, alargando así el presente y abriéndolo a otros tiempos. Ambos fracasan y al hacerlo triunfan. Sus obras pueden considerarse material imperfecto frente a la historia tal como era entendida y venerada hasta hace muy poco, aunque al mismo tiempo reinventan categorías y estrategias, clausurando al hacerlo los relatos históricos hegemónicos y dando así carpetazo a cualquier posible nacionalismo cultural. Con ellos, el cine y la literatura se han rendido ante la evidencia de no ser capaces de representar el pasado en tanto en cuanto forma parte de lo real y lo real tampoco puede ser representado. El cine y la literatura fracasan, y lo hace el arte en general. El fracaso, sin embargo, pone un punto y final, abriéndolos a nuevas posibilidades. Para un escritor, cuando muere o se clausura la historia, al mismo tiempo nace la historia de la literatura, que es distinta por mucho que también se organice de manera cronológica. Y algo parecido le sucede a un cineasta y a un pintor, a los artistas en general. Eso es lo que les ha sucedido a muchos en las últimas décadas, de ahí que tantos tengan que buscar sus nuevos relatos entre los pliegues de la historia de su medio, y que lo hagan entre libros los escritores (como Enrique Vila-Matas), en la filmoteca los cineastas (como Mark Rappaport) y en el museo los artistas plásticos (como Thomas Struth). De ese modo, el ámbito en el que se movían los artistas ha pasado de ser local o nacional a global o universal, han dejado de definirse a través de una cultura para definirse a través de muchas, con lo cual se han roto los antiguos acuerdos y se han multiplicado las posibilidades de toda narrativa. Los libros tratan sobre lo que tratan pero también sobre la historia de la literatura, igual que las películas tratan sobre lo que tratan pero también sobre la historia del cine. Hay una migración de temas y materiales que antes eran propios de un ámbito y que hoy pueden encontrarse en otros muchos. A eso es a lo que llamamos literatura expandida o arte expandido, cosas más allá de sus fronteras, en contextos exóticos, buscando y promoviendo nuevos significados con viejas formas.

Muchas ficciones literarias y cinematográficas del periodo de entreguerras, como las novelas de Harry Dickson o las películas de la serie Mabuse, en las que el mundo vivía en un clima de paranoia conspiratoria, asolado por delincuentes nihilistas y grupos criminales organizados, podrían haber sido pasto del *kitsch*, la cultura seriéfila o el arte de la crueldad, y en lugar de eso acabaron convirtiéndose en preludios de algo que todavía hoy sigue resultándonos inquietante a varias generaciones y cuyo eco, por extraños motivos e interconexiones, detectamos en imágenes en apariencia banales pero para nosotros de una importancia que va más allá de la historia del arte y de sus tentaciones intertextuales. Quien mejor lo explica es Krakauer cuando describe su ansiedad e inquietud durante una visita a los estudios de la UFA a comienzos de la década de los treinta. Lo que encuentra su mirada son «cosas que no pertenecen a la realidad, copias y distorsiones arrancadas al tiempo y puestas juntas, inmóviles, llenas de significado por delante pero vacías por detrás». Seguramente lo que le preocupa no es la falsedad sino el vacío. O la falsedad que precede al vacío, como sucede en tantas imágenes banales, aunque a las que se refiere Krakauer sean de otro tipo, imágenes que pretenden representar el mundo o una parte de él, cuando lo que de verdad están haciendo es negarlo. Son trozos de realidad desprendiéndose, como sucede en la novela *Residuos* de Tom McCarthy, cuando al protagonista le cae sobre la cabeza un trozo no sabemos bien si del techo del escenario de la realidad o de algún satélite abandonado y cuyos restos giran desde hace años en torno a la Tierra.

En *Vértigo*, W. G. Sebald confronta a uno de sus personajes con un grabado de la ciudad italiana de Ivrea, en el que reconoce la luz crepuscular aún almacenada en su memoria, varios años después de haberla visitado. La coincidencia, lejos de resultarle feliz, le lleva a la conclusión de que quizás su recuerdo no sea de la ciudad, desvanecida como un fantasma entre otros cientos de pequeñas ciudades europeas de presencia moribunda y costumbres anticuadas adonde suele ir durante sus vacaciones, sino del minucioso grabado. Todo eso le hace prometerse que en adelante no volverá a comprar grabados ni postales con hermosas vistas de las ciudades adonde vaya en sus viajes, porque —según él— ese tipo de imágenes al final desplazan a los recuerdos o los aniquilan, antes aun de que los lugares remotos donde le gusta esconderse de la vida moderna hayan desaparecido por la propia lógica de su moribundo ciclo vital.

Mientras en Europa se huye de esas imágenes engañosas, en Asia muchos escritores y cineastas comienzan a preguntarse cómo darles forma. A la manera de Sebald, le otorgan más importancia al narrador que al relato, entre otras cosas porque este último ha sido borrado, en ocasiones por regímenes estremecedores como el de Pol Pot en Camboya o el de Islom Karimov en Uzbekistán hace unas décadas o el de Kim Jong Un en Corea del Norte en la actualidad. Una de las hojas de ruta más audaces para reconstruir el pasado en Asia la propuso Rithy Panh con *S-21: La máquina de matar de los jemeres rojos* (*S-21: La machine de mort Khmère rouge,* 2003), una película que me ha llevado mucho tiempo procesar quizás porque en principio no me dejé seducir por la supuesta osadía narrativa de unos verdugos que no solo contaban sino que además escenificaban, en medio de gritos y patadas fingidas a prisioneros políticos ya muertos o ausentes, sus métodos de tortura en un centro de interrogatorios. Si la facilidad de la crítica para encontrar lo novedoso del asunto fue lo que me puso en contra de sus imágenes, la facilidad del público para aplaudir la osadía de *El acto de matar* (*The Act of Killing,* 2013, Joshua Oppenheimer y Christine Cynn), sobre los escuadrones de la muerte en Indonesia, también me puso en contra de ella. En ambos casos, me vi incapacitado para armonizar mi curiosidad con mi repulsión, una más entre mis muchas limitaciones. Instintivamente, tiendo a sospechar cada vez que alguien pretende cruzar ciertas líneas de demarcación, porque siempre entreveo elementos de *exploitation* (algo en lo que caen con mucha frecuencia escritores españoles y argentinos de cuyo nombre no quiero acordarme y cineastas tan aclamados como Werner Herzog o Errol Morris), que están muy bien en el cine de ficción pero no me parecen tan aceptables en un documental.

Rithy Panh, no obstante, me ganó por completo con *La imagen perdida* (*L'image manquante,* 2013), al regresar

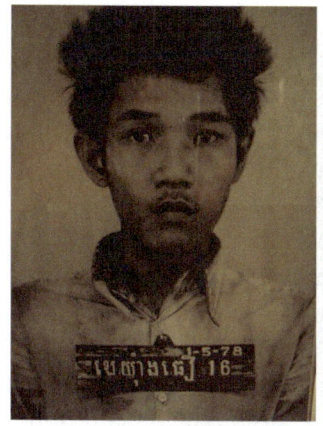

Prisión de Tuol Sleng en Nom Pen, donde se supone que se torturó y asesinó
a más de 12.000 personas (Camboya, 2017)

a la brutal Camboya de su infancia mezclando una *voice-over* que narra los fragmentos autobiográficos de su libro *L'Élimination* con documentales y cine de propaganda realizados durante el régimen de los jemeres rojos, cuando se calcula que murió un tercio de la población del país en algo menos de cuatro años. Esos elementos cobran relieve por el dispositivo cinematográfico, al sustituir a personas reales o actores por figurillas de arcilla, con las cuales se genera un cruce entre los juegos infantiles, el carácter moldeable que le dan a la Historia con mayúscula (que cambia dependiendo de los materiales utilizados para recrearla), y por encima de todo a la arcilla que cubre todavía hoy las tumbas de miles de desaparecidos.

El grandísimo Harry Berger Jr. dice en uno de sus mejores libros, *Fictions of the Pose. Rembrandt Against the Italian Renaissance*, que una de las obsesiones recurrentes en el Renacimiento era la construcción de «heterocosmos», mundos en paralelo al nuestro, donde los artistas pudiesen experimentar con posibilidades no aceptables ni aceptadas en el coto vedado de lo real. No se trataba de crear espacios foráneos a la mirada sino de añadírselos a los paisajes de siempre, pero marcando las distancias entre unos y otros. La apariencia de ambos espacios, el real y el ficticio, no tenía por qué ser muy diferente; de hecho, el punto estaba en que fuesen bastante parecidos y que aun así no se tocasen ni se mezclasen. Quizás el verdadero punto era que no se invalidasen, tan solo que fueran capaces de existir al mismo tiempo, como mundo y como espejo del mundo, como realidad y como su imagen. De ese modo, cuando se introdujese un elemento disyuntivo en uno de ellos, se podría observar mejor su pertinencia y su significado a partir de su ausencia en el otro o de las diferentes perspectivas desde las que se lo observaba en ambos.

Durante la colonización francesa del norte de África, en los países sometidos solía haber sesiones de cinematógrafo por las noches. Las nuevas autoridades querían agasajar así a las viejas, recordándoles sus enormes avances tecnológicos. Querían resultar persuasivos, convencer a aquellos pueblos primitivos de las bondades de la civilización. Muchos espectadores eran musulmanes que iban al cine para no desairar a sus «anfitriones»; sin embargo, mantenían los ojos cerrados a lo largo de la proyección, de lo contrario creían cometer una herejía. O quizás intuían un peligro en aquellas imágenes, como si fueran parte de una maquinaria —relacionada con la imaginación y los deseos, con el control del pasado, el presente y el futuro— capaz de colonizar el planeta si no les oponían una resistencia tenaz.

Quizás, como deseaba George Bataille de las palabras, seamos capaces de hallar una ruta pertinente hacia los tiempos que nos circundan y aquel en el que vivimos cuando, en lugar de significados, seamos capaces de imponerles tareas.

Entrevista con Claude Lanzmann

Claude Lanzmann en Madrid, 2003

Muchos documentales juegan en una liga propia donde no caben nuestros gustos triviales y veleidosos. Su autoridad, para bien o para mal, está más allá de cualquier posible cuestionamiento. No hace falta decir que *Shoah* es uno de ellos. Poca gente se atrevería a cuestionar sus dimensiones e implicaciones, no solo por la seriedad con que aborda el exterminio de judíos en campos nazis durante el Tercer Reich sino también por sus renuncias a utilizar material de archivo, basando la mayor parte de su impacto en las voces de los entrevistados a lo largo del metraje y dando por hecho que repetir una imagen terrible cuando ya está instalada en el inconsciente colectivo puede contribuir a banalizarla. La fría y a veces turbadora metodología de Lanzmann resulta tan incontestable que un cineasta como Rithy Panh la adoptó para abordar la sangría ocasionada por el régimen de los jemeres rojos en Camboya. Para el director francés (que jamás experimentó los rigores de los campos pese a ser judío y formar parte de la Resistencia), la tarea de preservar la memoria del Holocausto ha tenido el mismo grado de obsesión que tuvo en poetas como Paul Celan, escritores como Primo Levi o intelectuales como Jean Amery, judíos y prisioneros que acabaron con sus vidas décadas después de haber sido liberados, testimoniando así la magnitud de su sufrimiento y de las causas que lo habían provocado.

En la primavera de 2003, Claude Lanzmann vino a España para presentar un pase de *Shoah* en el Instituto Francés. Hubo una avalancha de solicitudes para entrevistarle, entre ellas la mía, que aceptaron. Había pedido una hora, los responsables del Instituto Francés me dieron media y finalmente hablé con Lanzmann dos horas, a petición de él[1].

---

[1] La entrevista que llevé a cabo no tenía un destino concreto, porque ninguna publicación donde yo colaboraba en aquel momento se mostró interesada, ni *Dirigido por*, ni *La Vanguardia*, ni *ABC*, ni *Imágenes de actualidad*. Cuando ya la tuve lista, presenté una versión de algo menos de 1.000 palabras para *Rockdelux*, donde fue aceptada y publicada en el número de mayo de 2003; y presenté otra versión, esta de 3.000 palabras, para *El Summun*, donde la aceptaron y publicaron en el número de junio de 2003. Pese a todo, en ningún

＊　＊　＊

—Usted no llega a *Shoah* de manera personal, por propia elección, sino que alguien le sugiere que la haga.

—A comienzos de 1973, yo estaba terminando *Pourquoi Israël*, un documental en cuyo centro se encontraba ya el Holocausto. Fue entonces cuando mi amigo Alouf Hareven, que trabajaba en el Ministerio de Asuntos Exteriores israelí, me propuso que hiciera una película sobre el genocidio judío. Me sugirió que intentase hacer algo que no dejase espacio después para más cine sobre el tema. Yo no sabía nada pero acepté. Eso me obligó a quedarme aquel verano en Jerusalén, para estudiar y explorar con la ayuda de Irene Steinfeldt, que me sirvió de intérprete en mis primeras entrevistas. *Pourquoi Israël*, mientras tanto, no fue bien recibida en el Festival de Cine de Nueva York porque coincidió con el inicio de la Guerra de Yom Kipur. Eso, sin embargo, a mí no me afectó y continué con el proyecto que tenía entre manos.

—Antes de *Shoah* ya había hecho películas. ¿Qué cambió al hacerse cargo de este proyecto?

—Yo era un periodista, de modo que mi relación con las imágenes hasta aquel momento había sido ante todo televisiva. A menudo iba a donde me indicaban los directivos de una cadena, filmaba el material que me parecía necesario para ilustrar lo que hubiese ido a buscar, y luego otra persona lo montaba. Desde tiempo atrás me había

---

caso pude hacer uso de las preguntas y respuestas que de verdad me interesaban a mí, omitidas para hacer sitio a otras de carácter general e introductorio de la figura de Claude Lanzmann. Volver a escuchar ahora la entrevista, oyendo mi voz entremezclándose con la de Lanzmann, ha supuesto un extraño ejercicio, una especie de acto de agradecimiento póstumo por su generosidad.

dado cuenta de que el proceso de ensamblar imágenes era lo que les proporcionaba una cierta dialéctica, que daba igual cuáles fueran las imágenes porque el poder estaba en unirlas, secuenciarlas. Y con *Shoah* ese proceso iba a ser necesario que lo hiciera yo, de manera que tuve que aprender. En los doce años que me llevó hubo veces en que también tuve que hacer funciones de iluminador, sonidista o director de fotografía, dependiendo de las circunstancias. Creo que *Shoah* me ayudó a entender qué era el cine desde un punto de vista físico y yo le enseñé al cine lo que era el Holocausto.

—El resultado final cuestiona ciertos fundamentos del cine documental y al mismo tiempo los fundamentos de la Historia con mayúscula.

—Cuando yo llamé a mi película «obra de arte», casi nadie me entendió. Yo solo quería distanciarme del cine en general, no quería que mi película fuese confundida con ninguna otra sobre el tema. Las estrategias del documental no estaban entre mis objetivos. No quería testigos describiendo sus experiencias, quería a personas reales dando a luz a seres ficticios, gente del presente que no evocase quiénes habían sido en su juventud, sino gente capaz de reencarnarse en sí misma y hacernos sentir quiénes habían sido, para que de esa manera pudiésemos notar cómo en realidad solo eran vivos con un cadáver en su interior. Los devolvía a los espacios donde «habían muerto» y ellos me entregaban el tiempo en que el cadáver era un «ser vivo». Ningún documental trata sobre ese tipo de cosas. En general, quieren hacerte ver y entender, como si eso fuera posible o como si eso no fuera inmoral. Hacerte ver y entender de una manera asumible, si es en poco tiempo mejor. Una hora y media basta para ver y entender el Holocausto, según la mayoría de los documentales. Trescientas o quinientas páginas son suficientes para describirlo y racionalizarlo, según la Historia. Sin embargo, a mí no me importó invertir doce años de mi vida, que en términos cinematográficos son nueve horas y media, y en términos historiográficos, de haber escrito un libro en lugar de haber hecho una película, quizás habrían sido cuatro mil páginas. Pierre Vidal—Naquet, el gran historiador francés, especializado en la Grecia clásica, me entendió y dijo —al referirse a mi trabajo— que «entre el tiempo perdido y el tiempo recuperado está la obra de arte».

—¿Qué le parece si le digo que mi primera referencia al genocidio judío durante la Segunda Guerra Mundial la tuve a través de la serie *Holocausto*?

—El cine y la televisión tienen la capacidad de llegar antes que nadie a los lugares, de ser testigos de las cosas, aunque lo sean sin pensar demasiado en las consecuencias y acostumbrando a la gente a conformarse con ciertas reducciones inaceptables. La serie *Holocausto*, como la película *La lista de Schindler* (*Schindler's List*, 1993, Steven Spielberg), tratan sobre supervivientes, del mismo modo que otras como *Vencedores o vencidos* (*Judgement at Nuremberg*, 1961, Stanley Kramer) tratan sobre culpables. Y el Holocausto no tiene que ver con nada de eso; el Holocausto trata sobre seis millones de personas que fueron asesinadas racional e industrialmente. Por eso *Shoah* se centra en la muerte. Se trata de una muerte ausente, porque en la película en ningún momento se muestran cadáveres. Al fin y al cabo, al principio los judíos deportados a campos de exterminio eran asesinados nada más llegar y se los enterraba. Desaparecían. Luego los comenzaron a incinerar y los huesos más grandes, que se resistían a convertirse en ceniza, los machacaban antes de llevarlos a lagos donde los esparcían, para que así no quedase nada de ellos. Fue el asesinato perfecto, un asesinato sin cadáveres. Las pilas de muertos que se ven en algunos documentales no son de judíos gaseados, ni tan siquiera tiroteados, cuando poco la mayoría; son víctimas de la desorganización que hubo en los campos cuando Alemania ya había perdido la guerra pero su ejército aún no se había rendido, y sobre todo son víctimas del tifus.

Shoah tiene una estructura muy pensada. Sus nueve horas y media de metraje se dividen teniendo en cuenta los testimonios de tres grupos de testigos. El primero es el de los miembros de los *Sonderkommandos*, a quienes se utilizaba para quitar los cadáveres de las cámaras de gas y dejarlas listas para el siguiente grupo. A continuación están los nazis encargados de alguna función en los campos o los guetos, casi siempre ocupados de la clasificación y la gestión de recursos. Y por último están los testigos, muchos de ellos polacos que vivían en las inmediaciones de los campos. Durante los encuentros con cada uno de ellos aparece Lanzmann, a veces solo y a veces con un intérprete. Las imágenes y las voces, no obstante, rara vez están sincronizadas. A menudo las imágenes recorren los lugares donde estaban los campos, de los cuales en algunos casos ya no quedan huellas. Lugares y testimonios se superponen con el sonido de trenes en marcha y con el sonido de los campos. Varsovia es un escenario importante, también la región del Ruhr. Nunca se muestra material de archivo, pero se intercalan dramatizaciones, como la del viaje en tren de Treblinka. La película, además, se divide en dos momentos históricos: el primero cuando comienza el *Ausschluss* [Solución final o exterminio de los judíos] y el segundo cuando se decide hacer uso de las *Gaskammer* [cámaras de gas].

Shoah sirve todavía hoy como documento inexcusable para entender los preliminares del Holocausto: su minucioso diseño, los trámites burocráticos y logísticos que conllevó, su obsesiva organización, el celo burocrático con el que participaron miles de civiles y militares alemanes... Aspectos que conformarían eso que solemos llamar la Historia con mayúscula, una disciplina en la cual deben primar la objetividad y el rigor al menos en sus planteamientos iniciales, pero en la cual no debe faltar un punto de vista. Lanzmann, en ese sentido, deja que sean las víctimas y los verdugos quienes proporcionen los datos, quedándose al margen y obligando al espectador a tener paciencia en muchos tramos de la película mientras un traductor simultáneo hace comprensibles las palabras de algunos de los entrevistados. El resultado da la falsa impresión de ser el trabajo de un testigo indirecto (Lanzmann) que se limita a recoger los testimonios de los testigos directos, sin embargo la película no trata ni sobre el Tercer Reich y su paranoica concepción sobre la pureza de la raza aria, ni sobre los campos (porque centra su atención sobre todo en los de exterminio y apenas se detiene en los de concentración), ni sobre el alcance de la política nazi para perseguir, aislar y/o exterminar (aplicada en Alemania y en los países invadidos a partir de 1939, y aplicada a disidentes políticos, judíos, gitanos, militares enemigos, y en general a cuantos mostrasen cualquier grado de disensión)… Al contrario de *Noche y niebla*, donde tanto el cineasta Alain Resnais como el guionista Jean Cayrol hablan sobre «seis millones de muertos que vagan» sobre la hierba que ha ido creciendo en los campos desde su liberación y evitan limitar los muertos a cuestiones de raza o credo, Lanzmann centra su atención exclusivamente en los judíos (más allá incluso de sus posibles nacionalidades), llevando de ese modo al espectador a un plano filosófico, metafísico, mientras la cámara superpone voces y paisajes, todo ello en tiempo presente, para acabar dando forma al callejón sin salida en el que acaban quienes buscan una explicación a ciertos hechos pasados y no la encuentran. Esa deriva carente de sentido, ese deambular eterno entre el rigor, la precisión y la objetividad de los datos, confiere a las imágenes de *Shoah* una profundidad cercana a Walter Benjamin o W. G. Sebald, escritores en la línea intermedia entre el pensamiento y la literatura, entre la poesía y la prosa.

—¿Qué conocía sobre el cine de los campos antes de hacer *Shoah*?

—Había visto *Noche y niebla* y otras películas, pero ninguna me había interesado. En la de Alain Resnais ni siquiera se mencionaba la palabra «judío» y se hacían comentarios que nunca llegué a entender. Utilizaba, además, algunas imágenes tomadas por el cámara británico Sidney Bernstein cuando entró con las tropas de liberación en el campo de Bergen—Belsen. El título de la película era en realidad una referencia al decreto *Nacht und Nebel* (noche y niebla), que supuso el inicio de la Solución Final y el exterminio de millones de judíos a partir del 7 de diciembre de 1941. En su época tuvo mucho impacto. La prohibieron en el Festival de Cannes porque podía enturbiar las relaciones entre Francia y Alemania en un momento en que los dos países nuevamente se tendían la mano. En algunos pases creo que hasta llevaban a enfermeros por si los espectadores sufrían un shock demasiado fuerte al ver las imágenes y por si necesitaban asistencia. La gente lloraba, pero sus lágrimas les permitían desahogarse. Y eso era mucho peor en *Vencedores y vencidos*, que incluso ganó Oscars; allí lloraba todo el mundo. Otras películas, aunque tenían cierto interés, como *Le temps de ghetto* (1961, Frédéric Rossif), no citaban las fuentes de algunas de sus imágenes ni decían nada sobre la procedencia de los documentos que utilizaban. Algunas mostraban tomas rodadas por el PK (las compañías de propaganda de la *Wehrmacht*) en el gueto de Varsovia. Con ellas querían mostrarles al mundo y a Alemania que allí la vida era divertida: se organizaban falsas sesiones de cabaret y bailes, y se maquillaba en exceso a judías escogidas para fingir normalidad. Imagínese que le hicieran un pase de la aberrante película que Hitler mandó rodar en 1944 en Terezin, *Der Führer schenkt den Juden eine Stadt*, sin que nadie les explicase nada, sin que les previniesen contra esas imágenes.

—Tardó en encontrarle un título a su película.

—Sí. Durante años la llamé «la chose» (la cosa), porque no sabía bien cómo titularla, todos los títulos que se me ocurrían resultaban insuficientes. Solo me había llamado la atención la palabra «shoah», que aparecía en la *Tora* y con la cual se hacía referencia a las catástrofes. No era el término judío apropiado para designar el genocidio que había tenido lugar durante la Segunda Guerra Mundial, pero yo la elegí por eso mismo, porque no hablo hebreo y para mí solo era una palabra oscura y terrible, una palabra que encerraba algo que no se podía traducir ni entender por completo. Elegí finalmente esa palabra y me negué a que la tradujesen a ninguna lengua. Cuando se estrenó en París, antes de enviar las invitaciones para el primer pase, al que iba a ir François Miterrand, el Presidente de la República, me pidieron que tradujera la palabra y también me negué. Ahora el término «shoah» designa lo mismo en todos los idiomas del mundo.

—En su película le da a cada testigo su tiempo, sin que unos y otros confluyan o se confundan. Calculo que eso fue parte de su dispositivo ético para rodarla.

—Rodar a los judíos fue bastante duro porque habían sido testigos de la muerte y porque yo quería devolverlos a los lugares y al tiempo en que la muerte había formado parte de sus vidas. Sentí una enorme responsabilidad ante todos y cada uno. A veces la presión emocional nos obligaba a esperar antes de comenzar a filmar, no queríamos convertir actos de intimidad en efectos cinematográficos. Con los nazis fue diferente, con ellos tuvimos que tener cuidado porque en ningún caso querían que los filmásemos, por eso casi siempre tuvimos que utilizar cámara oculta. Una vez se dieron cuenta y me robaron el material, después de golpearme casi hasta la muerte; tuvieron que ingresarme en un hospital. Lo que no quería permitir en ningún caso es que las víctimas y los verdugos apareciesen juntos en el mismo encuadre, mucho menos que pudiesen llegar a darse las manos y zanjar las cosas. Yo no buscaba ningún tipo de reflexión sobre el Mal o sobre el Mal Absoluto; es un tema que no me interesa. A mí me interesaban más los pequeños detalles, como que en Treblinka las máquinas de los trenes empujasen los vagones y que en Auschwitz los arrastrasen. En esos pequeños detalles de verdad, sobre los cuales se suele pasar sin prestarles atención, es donde se esconde el único porcentaje de verdad que podemos encontrar.

—¿Cuál diría que es el objetivo último de *Shoah*?

—Hay quienes dicen que mi película llena el vacío que hay en torno a posibles imágenes de las cámaras de gas, pero eso es erróneo. Mi objetivo yo diría que es que mi película haga que nadie reclame esas imágenes, consciente de que no nos pertenecen y, sin embargo, son nuestra responsabilidad.

De entre el material filmado por Claude Lanzmann antes del montaje final de *Shoah* (y recogido por Steven Spielberg para los archivos del Museo del Holocausto de Estados Unidos: http://www.ushmm.org/online/film/docs/shoahstatus.pdf, cientos de horas de un valor incalculable), se recuperó una entrevista con Yehuda Lerner para *Sobibor, 14 de octubre de 1943, 16 horas* (*Sobibor: 14 octobre 1943, 16 heures,* 2001) y otra con el rabino Benjamin Murmelstein para *El último de los injustos* (*Le dernier des injustes,* 2013). La primera ilustró la insurrección de prisioneros ocurrida en Sobibor, y la segunda la utilización del campo checo de Theresienstadt como modelo para dar la impresión de que en realidad muchos prisioneros (no solo judíos) se beneficiaron de algo así como unas vacaciones pagadas por el Tercer Reich. En esta última, Murmelstein se autoproclama «el último de los injustos», un término del que en mi opinión también se apropia Lanzmann, y habla de sí mismo como si se tratase de un «realista, un Sancho Panza en un mundo de Don Quijotes». La diferencia estriba en el contraste que se establece entre la entrevista filmada en 1975 y las tomas rodadas poco antes del montaje final, en el cual se incluyen fotografías e imágenes de archivo provenientes de *Theresienstadt. Ein Dokumentarfilm aus dem jüdischen Siedlungsgebiet* (1944), una película que pretendía comparar los campos con guetos ordenados y limpios donde la vida discurría sin privaciones y sin tampoco agobios (una de tantas aberraciones de la ideología nazi).

Entrevista con Jorge Semprún

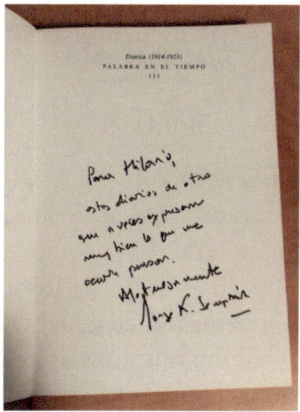

Jorge K. Semprún, octubre de 2003

En octubre de 2003, mientras cubría el Festival de Valladolid para la revista *Dirigido por*, esperando la respuesta de la novelista Belén Gopegui para hacerle una entrevista que nunca llegó a realizarse, vi a Jorge Semprún sentado en el *lobby* del hotel Becquer, donde se alojaban los invitados más importantes del certamen. Estaba solo pese al trajín que había a nuestro alrededor, con gente entrando y saliendo, fotógrafos, actores, etcétera. Unos años atrás yo había leído *La escritura o la vida* y aún seguía bajo su poderoso influjo, de manera que me animé a abordar al escritor, en principio sin un plan fijo pero enseguida pidiéndole que me estampase su firma en el único libro que en aquel momento llevaba encima: el primer tomo de los *Diarios* de Franz Kafka. En la dedicatoria, en lugar de su nombre Semprún escribió Jorge K. y poco después fue contestando a mis preguntas, que finalmente dieron forma a una entrevista que apareció en la revista *El Summun* al mes siguiente.

—En el comienzo de *La escritura o la vida* usted para un jeep con militares norteamericanos que se quedan paralizados al verle. No reconocen en usted a un ser humano, reconocen —quizás— los restos de un ser humano. ¿Qué queda del usted de aquel entonces?

—Ahora mismo vengo de mi casa en París, sin embargo desde hace años vengo del mismo sitio aunque venga de otro diferente. Vengo de Buchenwald, donde estuve encerrado durante la Segunda Guerra Mundial. Un poco de mí quedó allí para siempre. Después de ser liberado el campo, no regresé hasta 1992; entonces acepté una invitación, para devolverle a aquel lugar de muerte un poco de vida con mi presencia. Quizás también para recuperar la parte de mí que había perdido. Puedo contarte muchas cosas sobre mi experiencia en aquel lugar, sin llegar a explicar por completo qué nos sucedió a mí y a tantos otros. Recuerdo el cielo gris y el silencio. No había pájaros; dicen que tardaron en regresar y que durante años solo se quedaban unas semanas, para migrar enseguida hacia el sur.

Busco Buchenwald en el mapa y al principio no lo encuentro. ¿Lo habrán borrado? La yema de mi dedo recorre toda Alemania, hasta que en las proximidades de Weimar, en la provincia de Erfurt, veo una pequeña aldea con ese nombre. Ya nadie puede pronunciarlo sin un estremecimiento, al menos por ahora. Resulta extraño cómo el nombre de un sitio recóndito y en apariencia inofensivo puede contener un sentido tan siniestro. Basta con pensar en él para que de repente otros nombres se encadenen, como en una letanía: Buchenwald, Dachau, Sobibor, Treblinka, Bergen—Belsen, Majdanek, Ravensbrück, Schwerin, Mathausen, Auschwitz, Birkenau... Campos donde los nazis intentaron exterminar a los judíos. Dentro de un par de décadas habrá quienes se pregunten por qué hubo tantas generaciones que conocían los nombres de aquellos lugares y se los repetían una y otra vez, para no olvidarlos nunca. ¿Acaso conjuraban el mal de esa manera?

—¿Cómo fue aquella casa provisional donde vivió y donde algo de usted se quedó para siempre?

—El campo de concentración de Buchenwald se construyó en 1934, cinco años antes de la guerra. Tenía capacidad para 120.000 prisioneros, aunque se calcula que en algunos momentos pudo albergar a 250.000, seguramente más incluso. Las cifras son lo de menos. Se estima que en él murieron unas 70.000 personas; yo no estoy tan seguro. De lo que sí estoy seguro es de cuánto nos aferrábamos a la vida algunos de nosotros en un sitio así. Otros no soportaron la prueba. No todos fueron asesinados; a muchos los sorprendió la inanición o la hipotermia o el miedo. Y algunos muertos sobrevivieron. Les costó sentirse a salvo aun después de que el campo fuera liberado. Sus familiares se sorprendían al verlos dormir en el suelo de sus casas y al comprobar cómo siempre llevaban un chusco de pan en los bolsillos y cómo al fumar se quemaban los labios porque apuraban los cigarrillos, porque todos los cigarrillos eran el último cigarrillo. Los habían convertido en extranjeros.

—Los muertos murieron, ¿hasta qué punto se considera un superviviente?

—También a mí pudo haberme pasado lo mismo que a los que sucumbían, pero ya desde el principio creí que mi obligación era oponerme a la muerte. Me uní a un pequeño grupo. Lo compartíamos todo, nos ayudábamos. Nos gustaban los mismos escritores, pero sobre todo René Char. Sus poemas se convirtieron en consignas que nos pasábamos unos a otros. Pocas veces he vuelto a sentir emociones como la de recitar un poema o como la de fumar un cigarrillo entre cinco o seis personas, aspirar aquel humo viciado en mitad del barro, escondidos en las letrinas o donde ningún capo ni ningún soldado alemán pudiesen vernos.

—Para sobrevivir, Buchenbald se convirtió en su casa.

—Sí, tuve que elegir y elegí: en adelante aquella sería mi nueva casa y nadie podría echarme de ella. Fundé aquel nuevo hogar con mis compañeros. En él nuestras opciones consistían en vivir o morir. Cada uno de nosotros tomó su propia decisión. Y aún seguimos aquí.

Hijos sin padres

Desde entonces he aprendido a comprender lentamente cómo, por encima del espacio y de los tiempos, todo está vinculado entre sí, la vida del escritor prusiano Kleist con la de un poeta en prosa suizo que pretende haber sido empleado de una sociedad cervecera en Thun, el eco de un disparo de pistola sobre el Wannsee con vistas a una ventana del psiquiátrico de Herisau, los paseos de Walser con mis propias excursiones, las fechas de nacimiento con las de fallecimiento, la suerte con la desgracia, la historia de la Naturaleza con la de nuestra industria, la de la patria con la del exilio...

W. G. Sebald

Parafraseando al matrimonio Straub—Huillet, la Historia siempre comienza demasiado pronto y a menudo se habla o se medita sobre ella demasiado tarde. Sin embargo, y a diferencia del genocidio armenio o la Guerra Civil española, el Holocausto judío refutó muy rápidamente el silencio poético decretado por Adorno en 1949, al decir en uno de sus ensayos que «después de Auschwitz, escribir un poema es barbárico». La frase, malinterpretada y alterada con perversa torpeza, se ha repetido desde entonces como un mantra, no para imponer silencio sino más bien para dotar de altura moral a ciertas obras que pretendían sortear los límites de la representación sin caer en la truculencia gratuita de *Kapò* (1959, Gillo Pontecorvo) ni en la perturbadora belleza de *La lista de Schindler*

(*Schindler's List*, 1993, Steven Spielberg). Obras sin travelling inmorales ni imágenes que se conformen con ser únicamente imágenes y no imágenes únicas. Hablamos, por tanto, de *Noche y niebla* y *Shoah*. En ese sentido, la estrategia de *Hijo de Saul* (*Saul fia*, 2015, László Nemes) para sortear sus propios límites consiste en mostrar las cámaras de gas desde el principio, como si de ese modo estuviera remontando el tiempo para devolverle imágenes que no quedaron registradas documentalmente y que las películas de ficción hasta ahora solo habían conseguido visualizar trivializándolas. La visión que tenemos de las cámaras de gas, no obstante, es una visión sesgada, en contraste con el rostro del protagonista (Géza Röhrig), a quien la cámara persigue utilizando un dispositivo similar al de los hermanos Dardenne, en continuo movimiento, encuadrándolo frontalmente o de espaldas, sin registrar recursos dramáticos demasiado obvios, con una distancia focal que difumina en la mayoría de los casos la profundidad de campo y convierte el contexto en un punto distante que es preciso descifrar a través de los sonidos.

Un grupo de judíos se desviste y deja a un lado sus pertenencias, para ducharse antes de ser asignado a uno de los barracones. «Es solo una medida para mantener la higiene», dicen unos soldados alemanes. A todos se les prometen trabajo y comida para que su internamiento sea lo más digno posible. Otros prisioneros, ya veteranos, asienten mientras se aseguran de que cada cosa esté en su sitio: la ropa en la misma pila, las maletas en el mismo rincón... Seguramente después de un infernal viaje en tren, hacinados, sin apenas comida y bebida, sin un espacio privado para hacer sus necesidades y viendo cómo los más viejos y los más débiles sucumbieron sin haber llegado a su destino, los judíos supervivientes creen que sus penurias, aunque no se hayan acabado por completo, serán más tolerables en adelante. Ropa nueva, comida, una cama. Ese tipo de cosas se convierten en lo inimaginable a esas alturas. Por desgracia, lo inimaginable en este caso no es un rayo de esperanza al final del túnel sino que los nazis mientan y los miembros del *Sonderkommando*, prisioneros que ayudan con la intendencia durante el acto de bienvenida, sean sus cómplices en lo que viene a continuación.

Cementerio de Novodévivhi (Moscú), 2012

Sin necesidad de proporcionar información detallada, la película activa en cualquier espectador medianamente enterado las mismas interconexiones que establecía *Shoah* a partir de los testimonios de víctimas y verdugos, evitando repetir imágenes que ya son o deberían ser parte del inconsciente colectivo. La diferencia consiste en que *Hijo de Saul* es una película de ficción y no un documental, sus estrategias son más visuales que dialécticas o meditativas, como en el caso de *Shoah*. Quizás su mayor virtud consista en que más que utilizar el contexto del Holocausto para trazar una historia melodramática a partir de él, construye una historia melodramática para devolvernos al contexto del Holocausto. No se trata en ningún caso de una película como *La vida es bella* (*La vita è bella*, 1997, Roberto Benigni), donde la imaginación intenta hacer más tolerable el horror; y mucho menos como *La lista de Schindler*, donde la grandeza de un gentil (Liam Nesson) se eleva por encima de la monstruosidad de los nazis. No es una *summa* sino un punto de partida. Nemes, en una entrevista, dice que de los 450.000 judíos húngaros que fueron enviados a los campos en apenas seis semanas, se calcula que unos 100.000 eran jóvenes y niños menores de 18 años y que la mayoría murieron en las cámaras de gas, perdiendo luego sus identidades en fosas comunes. Su película, que se concentra en un padre que intenta enterrar convenientemente a su hijo, al que encuentra entre los cadáveres que él mismo limpia y transporta de las cámaras de gas a los hornos crematorios antes llevar sus cenizas a un río cercano y hacer que desaparezcan, podría verse como el primer movimiento para que los 100.000 jóvenes sean devueltos a sus sepulturas. Una ambición espectral llevada a cabo con una metodología materialista: traer de nuevo a los muertos al territorio de los vivos, no para hacer una alegoría similar a *The Walking Dead* sino más bien para acercarse al terreno del escritor W. G. Sebald, en el que los fantasmas deambulan en un mundo preciso y científico de donde no pueden escapar (y cuya desorientación aflige a quienes perciben su presencia sin poder hacer nada para proporcionarles descanso).

La distancia entre los hechos que narra *Hijo de Saul* y su representación cinematográfica es de setenta años, un periodo lo bastante largo como para acabar con la mayoría de los testigos directos, de los supervivientes o de los verdugos. Un periodo también similar al que hubo entre la Guerra Civil en España, que hasta la Transición y mucho más tarde no fue lo suficientemente abordada, quedando así en manos de supuestos usufructuarios y un buen número de oportunistas, pero no tanto en las de quienes tomaron parte activa en ella. Más que en esta película, por consiguiente, las huellas del Holocausto deben rastrearse en la obra de Primo Levi, Jean Amery, Robert Antelme o Paul Celan. Esas huellas, similares a las del escritor Robert Walser ante su cadáver en la nieve, le servirán a cualquiera para entender nuestra incapacidad para escenificar no la forma sino el contenido de ciertos hechos. Como la policía, podemos reconstruir un homicidio pero no el temor ni el dolor de la víctima. Escenificamos solo para aproximarnos a un hecho, porque de ese modo creemos entender mejor, al menos lo que luego nos toca juzgar; en ningún caso escenificamos para experimentar o para saber de primera mano. Quizás por eso *Hijo de Saul* comienza con una representación dentro de una representación, una mentira al inicio de una reconstrucción supuestamente veraz: el Holocausto como último capítulo de una historia atroz, con un final terrible. No solo los nazis sino también los prisioneros judíos de Auschwitz saludan a los recién llegados, para quienes ya no hay sitio en el campo de exterminio, prometiéndoles una quimera porque saben que hay momentos y circunstancias en las que uno está dispuesto a creer cualquier cosa. La verdad —como se suele decir en las frases de baratillo de algunas películas— no es algo para lo que todos estemos preparados, porque la verdad pone de manifiesto que ante el infortunio casi siempre estamos solos y que nadie va a venir a ayudarnos, que alguien nos destruirá o lo intentará mientras el resto de los seres humanos esperan a que luego se haga la autopsia de nuestro cadáver para saber si nuestra muerte y destrucción fue así o asado, si sufrimos más o menos, si al morir nos acompañaban más corderos camino del matadero o si cubrimos el trayecto más solos que la una.

En un viaje que hice al campo de exterminio de Auschwitz (Polonia) en 2003, donde se mantenía un sentido estricto de la distribución espacial, con las alambradas y los barracones en los mismos lugares de antaño, me llamó la atención un hombre de edad avanzada que o bien iba solo o bien se había descolgado del grupo con el que había ido allí. Lo vi caminar desorientado pese a los letreros que indicaban la ubicación de cada cosa, como si todo aquel museo de los horrores lo confundiese, con sus señales dirigiendo a los visitantes hacia la sala de las muñecas, la sala del cabello humano o la sala de los abrigos de *loden*. Me pareció que no estaba allí precisamente para aprender sino más bien para constatar. También me dio la sensación de que aquel hombre se sentía perplejo porque reconocía cuanto le rodeaba pero no era capaz de encontrarle unos cimientos fiables. Veía la forma y no encontraba el contenido. Era como si en Auschwitz, al igual que en un desierto cualquiera, se produjesen alucinaciones y uno entonces tuviese ideas ciertamente caprichosas, difíciles de compartir con otras personas. O como si a aquel hombre le hubiera sucedido lo mismo que a Primo Levi, a quien su mujer y sus hijos le prohibieron compartir sus experiencias concentracionarias, temerosos de asomarse al mismo abismo que a él le aguardó cuarenta años después de su traumática experiencia, en el hueco de unas escaleras por donde acabó con su vida. La soledad de aquel hombre en Auschwitz me dejó seco, vaya. Jamás llegué a saber si había sido uno de los prisioneros del campo o si era familiar de una víctima exterminada allí; lo único que sé es que antes no creía que alguien pudiera llegar a estar tan solo, especialmente en un lugar tan siniestro. Ahora me pregunto si la crisis social en la que vive tanta gente en la actualidad no la estará conduciendo a una soledad existencial del mismo calibre...

En un cuento de Roberto Bolaño, dos cuarentones regresan a Santiago de Chile después de casi dos décadas de exilio en Barcelona. Aunque están al borde de la separación, deciden ir a ver juntos un partido de fútbol en el Estadio Nacional, convertido en centro de interrogatorios y torturas poco después del golpe de Estado de Pinochet, y donde varios amigos suyos habían muerto o desaparecido a poco de irse ellos a España. Mientras el equipo al que secundan golea a su rival, se dejan llevar por el entusiasmo general y aplauden pero no se miran siquiera. Al término de los noventa minutos, cada cual sigue su camino. En 2003, el mismo año de la muerte de Roberto Bolaño, un importante sector del estadio fue declarado monumento nacional y hoy en día pueden verse en sus paredes los retratos de muchos jóvenes asesinados allí hace unas décadas.

Hasta cierto punto, podría decirse que *Hijo de Saul* plantea algo similar a lo planteado por Claude Lanzmann en torno al Holocausto en *Shoah*: la imposibilidad de dar forma (o explicación) a lo que es de por sí informe (e inexplicable, ya que —como insinúa Primo Levi en *Si esto es un hombre*— explicar es en buena medida justificar, nos guste o no la justificación proporcionada). El protagonista de la película lleva cuatro meses en el *Sonderkommando* y sabe que tarde o temprano también él acabará entre las pilas de cadáveres, porque su situación es transitoria. Todas las tareas que lleva a cabo parecen poseídas por una rapidez material que cinematográficamente adquiere una dilatación intolerable (como suele suceder en la obra de Béla Tarr, de quien Nemes fue asistente durante dos años). Un día y medio, que es el tiempo que dura la historia, basta para destapar un intento de sublevación por parte de algunos prisioneros judíos del campo y para justificar la oposición de estos últimos ante el deseo de Saul cuando pide enterrar a su hijo, porque podría desbaratar los planes del grupo. Y el hecho de que todo suceda a finales de 1944, medio año antes de la rendición alemana, con las tropas aliadas cada vez más cerca, nos recuerda que en aquel momento en los campos de exterminio la tarea no consistía tanto en acabar con los judíos sino en borrar las huellas de un genocidio a gran escala, en el que estaban implicados millones de alemanes (transportistas, proveedores, sastres, ingenieros, arquitectos, cocineros o funcionarios), que participaron directa o indirectamente en él, lucrándose en muchos casos sin que pareciese importarles que fuera a costa de un número desproporcionado de muertos y de un número todavía mayor de personas que en adelante tendrían que vivir con un trauma imposible de evaluar.

Hace unos años leí *Los hundidos*, una novela de David Mendehlson, en cuyas primeras páginas se describía la reacción de un grupo de ancianos cada vez que un niño aparecía ante ellos. De pronto, aquellas personas mayores se ponían a llorar. Eso al principio le resultaba chocante al niño; luego, al cabo de los años, su desconcierto se convertía en otra cosa al descubrir el extraordinario parecido que él mismo tenía con un familiar a quien no había llegado a conocer jamás. Al indagar sobre ese familiar de extraordinario parecido con él, el niño convertido en adulto se enteraba de su muerte en un campo de exterminio nazi durante la Segunda Guerra Mundial. En adelante, la novela (que es verdaderamente una ficción de carácter autobiográfico) se convierte en una investigación sobre las raíces, el pasado, la identidad y un sinfín de asuntos en los cuales el autor no había reparado antes de ponerse a escribir. Bien, pues digamos que *Hijo de Saul* podría funcionar como algo así para las nuevas generaciones, convirtiéndose en una pequeña investigación menos teórica que dramática, menos histórica que íntima, a partir de la cual se puede trazar una nueva hoja de ruta hacia el Holocausto judío, sin atravesar el campo minado que otras generaciones anteriores han atravesado hasta ahora.

En el párrafo inicial del libro *Los hundidos y los salvados*, Primo Levi transcribe lo que le decían los soldados de las SS a los prisioneros: «De cualquier manera que termine esta guerra, la guerra contra vosotros la hemos ganado;

ninguno de vosotros quedará para contarlo, pero incluso si alguno lograra escapar el mundo no lo creería. Tal vez haya sospechas, discusiones, investigaciones de los historiadores, aun así no podrá haber ninguna certidumbre, porque con vosotros serán destruidas las pruebas». A ese «vosotros» al que apela la frase de Primo Levi, es quizás al que apela esta película. Lo que habría que saber es si «nosotros» formamos parte de ese contingente (después de la amnesia que hemos demostrado no solo con la Historia sino con el presente más inmediato) o si a quienes se dirige es a un nuevo tipo de espectador ante el que ya no damos la talla.

Durante la fase de preproducción de la película, Nemes buscó financiación en Francia e Israel, donde se la negaron, obligándolo a ajustarse al limitado presupuesto que consiguió en Hungría. Así, podría decirse que si Primo Levi tuvo que superar el desaliento que le produjo el rechazo de *Si esto es un hombre* en la editorial Einaudi pese a su amistad con Natalia Ginzburg y su cordial relación con Cesare Pavese, a quienes el libro no les interesó; Nemes tuvo que luchar contra la falta de interés por asuntos de interés histórico global, en un mundo donde todos parecemos replegarnos sobre nosotros mismos, como si hubiésemos renunciado a vivir en sociedad y ya solo nos preocupase sobrevivir individualmente.

Es curioso que algo así suceda cuando vuelve a salir a la luz el metraje recogido por Sidney Bernstein durante la liberación del campo de concentración de Bergen—Belsen, donde los aliados encontraron pruebas que luego fueron utilizadas en los juicios de Nuremberg pero que no llegaron a ver la luz pública hasta hace apenas unos años por expreso deseo del gobierno británico (que en 1945 estaba enfrentado con los sionistas judíos, a quienes no quería proporcionar argumentos a su favor poco antes de la creación del Estado de Israel). Miles de imágenes perdidas, miles de identidades borradas. Una maquinaria puesta al servicio del exterminio y otra puesta al servicio del olvido. Y contra ellas una propuesta como *Hijo de Saul*, que en sus pequeñas dimensiones convierte a sus personajes en zombis acostumbrados al negocio de la muerte, que curiosamente los mantiene con vida y que los empuja a aceptarlo todo, incluso ser cómplices de «los verdugos, las ordenanzas, las autoridades llamadas de ocupación, la prisión preventiva, la Historia, el tiempo y todo lo que nos ensucia y destruye», como insinuaba Patrick Modiano en *Dora Bruder*.

Todos mienten

Una de las entelequias más en boga hoy en día es que absolutamente todo es relativo y admite diferentes puntos de vista, tantos al menos como para conceder al mundo entero una parte de razón en cada posible cuestión a tratar. Gracias a las redes sociales y su capacidad para generar una especie de «periodismo alternativo», la compulsión participativa —hablar, opinar, matizar, criticar, atacar, insultar, humillar, silenciar— ha ido convirtiendo los temas candentes de los últimos años en un caos babélico muy en consonancia con la ineficacia «babélica» de las instituciones para solucionar nada, hasta convertir cualquier tragedia o drama en un *trending topic* de corta duración, ya sean los efectos de la crisis en las economías vulnerables, el éxodo de millones de personas huyendo de circunstancias desfavorables, o la radicalización ideológica cuando se suponía que las ideologías eran cosa del pasado desde la caída del Muro de Berlín. Formar gobiernos parece cada vez más difícil y los que se forman son de echarse a temblar, y mientras tanto la democracia se deteriora a pasos agigantados entre los tentáculos del capitalismo porque no encuentra argumentos contra la lógica del dinero.

En un clima así, *Negación* (*Denial*, 2016, Mick Jackson) seguramente será despachada como una película de formato televisivo, amparada en un «gran tema», con buenos actores, un guion decente, una fotografía sin énfasis, una banda sonora poco intrusiva y para de contar. Cine de palomitas que irrita mucho a la crítica porque no permite grandes vuelos hermenéuticos. Desde luego, no juega en la liga de la colosal serie *O. J.: Made in América* (2016, Ezra Edelman) en cuanto a dramas judiciales se refiere, pero su funcional modestia puede ayudarnos a pensar en el Holocausto desde una perspectiva más allá de los planteamientos de Theodor Adorno sobre Auschwitz y la poesía, e incluso más allá de «los límites de la representación». Si la sometemos a la dictadura del ME GUSTA/NO ME GUSTA o la colocamos ante el gran canon occidental, está claro que —como diría Godard— sus imágenes no son únicas y son simplemente imágenes. Quizás lo que podríamos hacer entonces es preguntarnos dónde falla el cine cuando arremetemos contra él, ¿en sí mismo (en el enorme número de obras mediocres que se produce, como en la pintura, la escultura y el arte en general) o en nuestra incapacidad para darnos cuenta de que solo después de haber visto muchas películas inconsecuentes comenzamos a entender el valor y la autoridad de las obras maestras?

Imaginad que a una famosa historiadora (Rachel Weisz) la denuncia un famoso escritor (Timothy Spall). Ella es americana y judía; él es británico y de ideología filonazi. A ella se la conoce por un brillante estudio sobre el Holocausto y quienes niegan que hubiese sucedido; y él, por supuesto, es negacionista. Como a él le ofenden los argumentos de ella en su contra, la lleva a juicio por injurias en Gran Bretaña, donde -a diferencia de Estados Unidos- todo el mundo es culpable hasta que se pruebe lo contrario. La tarea de ella a partir de ese momento consiste en demostrar que el Holocausto sucedió, algo en apariencia muy fácil pero en realidad bastante difícil porque el ejército alemán se ocupó de borrar las pruebas más determinantes. Casi todo lo referente al tema es sensible de ser interpretado: un campo de exterminio podría verse como un campo de concentración, las cámaras de gas como salas para despiojar cadáveres, los hornos crematorios como la solución perfecta para evitar enfermedades... Y, por si a alguien lo anterior le parece una majadería propia del cine, me apresuro a añadir que la película está basada en hechos reales y que ella es la historiadora Deborah Lipstadt y él el negacionista David Irving.

Ahora que ya estamos metidos en materia, no estaría mal que pensásemos en nuestras risas mientras veíamos *Malditos bastardos* (*Inglorious Basterds*, 2009), donde se revierte la Historia con mayúsculas, convirtiendo a los judíos en ángeles vengadores (muy a la americana y muy a lo Quentin Tarantino) y haciendo que Hitler y un buen número de oficiales alemanes se quemen vivos en el interior de un cine. Aunque solo se trata de una película, podríamos añadir que también es un producto de la industria del entretenimiento, como en realidad lo son hoy en día los campos de concentración y de exterminio. Sergei Loznitsa se centró en Dachau y Sachsenhausen para rodar allí su documental *Austerlitz* (2016), donde las masas de turistas atraviesan el encuadre mientras deambulan sin saber bien hacia dónde mirar, siguen a guías que anuncian «el momento más terrorífico» de una visita guiada, hacen comentarios de cualquier tipo, se ríen o posan para un *selfie*, barriendo con su «inconsciencia» el imperativo ético bajo el que se decidió preservar esos lugares en los que el presente debería conectarse con el pasado. Son imágenes reales y, sin embargo, parecen parte de una distopía escrita por J. G. Ballard o uno de los abismos que W. G. Sebald abría en la Historia con mayúscula y donde sus personajes se iban disolviendo a medida que se hundían más profundamente en ella.

Durante el juicio que ocupa la mayor parte del metraje de *Negación*, vemos a un equipo de abogados defensores intentando reevaluar la Historia sin utilizar como testigos a posibles víctimas del Holocausto y tampoco a la historiadora encausada, cuyos argumentos pueden ser puestos en tela de juicio por cualquiera si no son capaces de probarlos. Uno se pregunta al ver la película qué es lo que nos ha llevado a una situación de tal relativismo. También se pregunta cómo sus imágenes dan la impresión de estar disociadas del tema que en apariencia ilustran y hasta cuándo seguiremos teniendo pruebas que nos permitan encontrar la verdad a través del coro de voces contradictorias a nuestro alrededor, aquí, ahora.

Nosotros que fuimos tan felices

Cada imagen es una operación de rescate (Budapest, Hungría, 2023)[2]

El interés de la industria cinematográfica por el reciclaje es cuando menos sospechoso y apenas guarda parecido con el trabajo de directores como Péter Forgács. El cine comercial, con sus secuelas, sus *remakes* y sus series interminables, tiene objetivos económicos; da por supuesto que los espectadores siempre quieren ser gratificados con los mismos productos o con productos muy similares. Quien

---

[2] En cada viaje que hago, siempre compro una o varias fotografías antiguas de las que me hago cargo, como si las adoptara, para que así obtengan a través de mí una identidad y un relato que les devuelva su sentido. Estas de Budapest (Hungría) entre finales del siglo xix y principios del xx son algunas de mis favoritas.

no lo tiene tan claro es Forgács, que en unos casos intenta obligarnos a reinterpretar imágenes y en otros las reajusta para que todavía hoy nos sigan siendo de utilidad. Para él, reciclar metraje no consiste en exprimir la gallina de los huevos de oro hasta que no dé más de sí, consiste en resituar, redescubrir, retomar, rebautizar, reescribir... La música del reciclaje —como suele decir— hace hincapié en la nota RE.

Después de cuarenta años de dictadura franquista, en los cuales la realidad del No-Do en las pantallas de los cines fue la mayor de las mentiras, España debería haber sido un terreno fértil para los DJs visuales, pero a lo máximo que se ha llegado aquí es a fabricar falsos documentales. Hemos pasado de unas mentiras a otras, de las mentiras paternalistas de un dictador a las mentiras estéticas de algunos creadores. O puesto de manera diferente: hemos pasado de la Historia con mayúscula (grandilocuente, obscena y falsa) a la historia del arte (bonita, divertida y ocurrente). Forgács, en ese sentido, lo tiene muy claro: sabe que a veces los macro acontecimientos oscurecen los micro acontecimientos, y sin embargo los macro acontecimientos son excepcionales, fruto de un tiempo y un lugar determinados, mientras que los micro acontecimientos son universales, se dan de forma bastante similar en todas partes y a lo largo de periodos temporales muy dilatados.

En su edición de 2008 Documenta Madrid organizó una retrospectiva de Péter Forgács (Hungría, 1950), un cineasta al que quizás deberíamos definir como DJ o como artista experimental, aunque también como historiador. Su obra puede entenderse como una forma de saludo y al mismo tiempo como una forma de despedida, un saludo al siglo XXI y una despedida al siglo XX. A partir de películas familiares rodadas entre 1930 y 1960, su trabajo consiste en reordenar imágenes, proporcionarles nuevos ritmos, alterar sus texturas, introducir extrañas rimas a partir de la repetición y combinar todo eso con música minimalista. Sin embargo, su objetivo no es tanto de apropiación como de adecuación. Lo que él quiere es ajustarse a los nuevos contextos con viejos materiales, utilizar una parte de la memoria privada del siglo pasado para luchar contra la amnesia de nuestro presente.

Las películas familiares que utiliza solo recogen momentos felices, picnics y celebraciones, carreras absurdas y sonrisas que de pronto se cortan abruptamente, produciendo saltos inauditos, elipsis, huecos por donde él se cuela para intervenir con una serie de efectos que nos acercan a esas imágenes pero que a la vez nos alejan, que primero nos producen una sensación de seguridad y luego nos dejan a la deriva, con una gran inquietud. Vemos una historia que bien podría ser la de nuestra propia familia, una historia que de pronto se corta y nos obliga a preguntarnos por qué. Al fin y al cabo, la vida doméstica no tiene un guion preestablecido, tampoco las películas familiares. Un matrimonio salía con sus hijos a comer en el campo y de pronto llovía, la cámara registraba esos acontecimientos y de pronto se paraba. Y entonces se producía un hueco, un hiato. El álbum de fotos se interrumpía porque en él únicamente cabían las sonrisas, la elegancia, la felicidad… En eso consistía la noción de las imágenes hace años, antes de entrar en la era digital, caracterizada por nuestro afán de filmarlo todo, incluso la fealdad y el desastre. *Egy úrinó notesza* (1994), *Csermanek Csókja* (1997) o *Bibó Breviárium*

(2001) tratan sobre eso: sobre historias familiares antes de que esas familias se descompusieran.

El método de trabajo de Forgács a menudo se sitúa cerca del psicoanálisis. Hay una enorme tensión entre el tiempo de los sueños y el de la realidad, la misma tensión que hay entre el tiempo personal y el histórico, y esa tensión nos obliga no a analizar sino a psicoanalizar la Historia. Basta con fijarse en las imágenes de *A Malestrom* (1997): vemos los preparativos de una familia a punto de ser deportada a Auschwitz, mientras sus miembros toman café o fuman una pipa como si nada malo fuera a sucederles, como si el suyo fuera a ser un viaje de placer; viven ajenos a la Historia, casi en un sueño. Su comportamiento nos parece extraño, desafía nuestras reglas vitales, pero al mismo tiempo estamos en ese sueño y tenemos que decidir si queremos salir de él (para entrar con una actitud más sombría en uno de los vagones del tren que los llevará a Auschwitz) o si deseamos congelar las imágenes de felicidad y despreocupación para siempre. No es fácil elegir desde nuestra perspectiva. Sabemos que es absurdo luchar contra la Historia con mayúsculas, porque ya está escrita, y es imposible cambiarla, pero ¿qué tiene de absurdo que en un momento dado, sin que todavía sepamos cuál va a ser nuestro destino, nos riamos despreocupadamente? ¿Por qué deberíamos borrar esa felicidad insensata?

Forgács fue siempre un experto en meterse en líos. Duró poco en la universidad por culpa de sus ideas políticas, en su juventud apenas tuvo contacto con la cultura judía (pese a los orígenes hebreos de sus padres, que se conocieron en Israel) y su paso por el Estudio de Cine Béla Balázs no resultó precisamente triunfal. Las cosas para él comenzaron a cambiar en 1983, al fundar en Budapest un archivo de fotografías y películas antiguas, donde ha trabajado desde entonces. Allí se dio cuenta de las ventajas que tiene el cine cuando renuncia a la comercialidad y opta por la independencia, porque de ese modo desaparecen ciertas limitaciones, como la censura ideológica y la capitalista.

Él se sitúa siempre más cerca de las artes plásticas y de la música que del cine. Siente cierto grado de desconfianza hacia la tecnología, el consumismo indiscriminado, la globalización del gusto o la avaricia del sistema capitalista. Por eso le gusta el trabajo manual, el reciclaje y una participación más activa por parte del público, cosa que ha conseguido gracias a algunas de sus instalaciones. Aunque lo que de verdad le interesa es la música.

En Hungría hubo un pequeño espacio para la intimidad, o lo que Miguel de Unamuno denominaba «intrahistoria», que quedó registrado en álbumes fotográficos y filmaciones caseras. Las cámaras para rodar entraron en casas privadas en 1922, con la aparición del modelo Pathé-Baby de 9,5 mm, y se convirtieron en otra cosa cuando el Súper 8 entró en declive y dio paso al vídeo en la década de los ochenta. Hacia esa época fue cuando Forgács comenzó su tarea, primero almacenando, luego clasificando y finalmente reutilizando las películas para sus propias obras. De arqueólogo fílmico pasó a convertirse en cineasta, después de darse cuenta del valor de aquel material, donde estaba registrado no solo el paso del tiempo sino también una serie de rituales y costumbres sin los cuales la historia podía acabar yendo a la deriva. Entró en contacto con muchas familias, para saber quiénes eran los protagonistas de cada escena, para dotar de sentido a imágenes en ocasiones difíciles de descifrar. Fue entonces cuando se produjo el milagro, al yuxtaponer las películas del pasado y el recuento hecho desde el presente, porque de pronto todo se convirtió en una extraña forma narrativa. Por un lado estaba el relato visual, que no era obvio a primera vista, y por otro lado estaba el relato oral, que a menudo descubría significados ocultos en las apariencias más banales. La labor, después de recopilar imágenes y sonidos, consistía en construir, no tanto en reconstruir. El tiempo no regresaba completo, había demasiadas lagunas, solo se conservaban partes y con esas partes era preciso hacer algo parecido a un puzle aunque nunca desembocase en una imagen definitiva.

La obra de Forgács comenzó siendo una peculiar crónica de la historia húngara a partir de *A Bartos család* (1988) y con el paso del tiempo se ha ido convirtiendo en una profunda meditación sobre Europa gracias a películas como *Wittgenstein Tractatus* (1992), *Angelos Film* (1999) o *El perro negro* (2005), en las que se trazan intersecciones entre la historia alemana, la historia griega o la Guerra Civil española, y la deriva de un continente como el nuestro, mientras destruía y reconstruía identidades a lo largo del siglo xx.

Entrevista con Péter Forgács

Péter Forgács levitando en Madrid, 2011

En la edición de Documenta Madrid de 2011 se organizó una retrospectiva de Péter Forgács, que yo mismo apoyé en mi calidad de asesor y programador del festival. Su director por aquel entonces, Antonio Delgado Liz, me pidió que sopesase la posibilidad de escribir un libro sobre la obra del cineasta húngaro, que nunca llegué a escribir, pero de la que surgió una larga conversación con él, de la que extraigo unos fragmentos.

—Tu uso de *found footage* (o metraje encontrado) está más cerca de las artes plásticas que del cine documental.

—Me considero un anarquista cultural, no abrazo ninguna forma de autoridad, ni política, ni religiosa, ni estética, ni de ningún tipo. La cultura produce muchas divisiones sociales, coloca nuestras ideas en grupos, convirtiéndonos en conservadores o liberales, creyentes o ateos, documentalistas o narradores… Yo me siento más cómodo trabajando con conceptos a los que nadie en su sano juicio renunciaría, como el amor, la belleza o la felicidad, son cosas a las que todos aspiramos aunque cada cual las cultive a su manera. Con mis películas a veces solo pongo de relieve la destrucción de esos objetivos comunes, para que nos hagamos preguntas al respecto.

—Aun así, nunca renuncias a situar tus trabajos en contextos históricos muy determinados.

—La Historia es moldeable, puede convertirse en un arte narrativo (como pusieron de relieve los grecolatinos) y también puede convertirse en otra cosa, posiblemente en una nueva forma de Historia a través del arte (como hizo Goya, sin ir más lejos). Durante una guerra, por ejemplo, nadie suele pensar que además de atrocidades se fabrique pan o que la gente siga yendo a los cafés para charlar un rato; eso al final produce una imagen incompleta de esa guerra. Con la Historia pasa lo mismo: los macro acontecimientos oscurecen los micro acontecimientos, el frente de batalla borra la vida civil, los soldados parecen ser los únicos habitantes de la Tierra y sin embargo siguen existiendo los meros ciudadanos.

—Muchas de tus películas parten de lo particular y luego llegan a lo general, como si hicieran un gran viaje que va de los sueños a la realidad.

—Algo así. Las películas familiares recogen sonrisas que se cortan repentinamente, como si se produjese un error de *raccord*. Ahí comienza mi trabajo. Intervengo con una serie de efectos que nos acercan a esas imágenes pero que a la vez nos alejan, que primero nos producen una sensación de seguridad y luego nos dejan a la deriva, con una gran inquietud. Vemos una historia que bien podría ser la de nuestra propia familia, una historia que de pronto se corta y nos obliga a preguntarnos por qué.

—Por decirlo de alguna manera: le proporcionas un guion a lo que no lo tiene.

—En efecto. Sales a pasear y se desata una tormenta. Comienzas a filmar, pero nunca sabes hasta cuándo. Hasta el acontecimiento más minúsculo puede verse interrumpido por las fuerzas de la Naturaleza o por las de la Historia con mayúscula. Y entonces te encuentras con un hueco. El álbum de fotos se interrumpe porque en él no caben más que sonrisas, elegancia, felicidad… Nadie quería otro tipo de imágenes hace años. Yo intento situarme justo antes de que las cosas se tuerzan, cuando las imágenes llegan a un límite de sí mismas y de pronto un álbum se interrumpe. Mi trabajo consiste en explicar por qué y, de ser posible, continuar. Pero no siempre es posible.

—De igual forma que el cine comercial se censura o autocensura, las películas familiares que tú utilizas también establecen su forma de censura al renunciar a la infelicidad, en ellas hay matrimonios pero no divorcios, hay sonrisas pero no lágrimas…

—El contrapunto lo añado yo cuando las obligo a mezclarse con imágenes de archivo, en general alarmantes (aunque nunca demasiado obvias), y cuando añado imágenes del presente que ponen de relieve la pérdida que se ha producido a lo largo del tiempo. Un mundo habitado por seres humanos se convierte así en un mundo habitado por fantasmas. Los sueños desembocan en la realidad y la realidad a menudo los convierte en pesadillas.

—Podría decirse entonces que tus métodos de trabajo a menudo se sitúan cerca del psicoanálisis.

—Toda imagen tiene una vida pública y una vida privada. Es algo así como la carcasa de un reloj y su mecanismo interior, o como los minutos y el tiempo. Un artista debe obligar a aceptar esa dicotomía, no porque ataque la línea de flotación de sus espectadores sino porque los fortalece. Cuando aceptamos nuestras limitaciones para ver o entender, permitimos que otros nos empujen un poco más allá y nos ayuden a superarnos. No nos enseñan qué vemos, más bien nos enseñan dónde y cómo colocarlo, para así no seguir cayendo en el vicio de homologar y banalizar imágenes, siguiendo cauces lineales y acumulativos.

—La música en tus trabajos da la sensación de orquestar las imágenes, de ser anterior a ellas.

—Lo es. Hoy existe una dictadura de las imágenes, que lo condicionan todo; yo prefiero que las imágenes se adecuen al mundo y que lo hagan primero a partir de ciertas composiciones musicales. Es como investigar el ritmo del mundo para saber cómo describirlo visualmente. Las películas familiares son material en bruto hasta que no encuentran su debida orquestación, como la memoria, que depende de nuestra capacidad para recuperarla, narrarla y actualizarla, para que de verdad tenga sentido entre quienes vamos a ser sus testigos en el presente.

No hay segundos actos en nuestra historia.
Francis Scott Fitzgerald

Jeremy Collins, Andrew Halter, Yael Mayer, Earnestine Hollis, Jason Smith, Cynthia Taylor, Michael Cortes, Jessica Carroll… «Have you seen us?» (¿nos has visto?), preguntaba cada uno de estos nombres. Nombres anónimos, escritos bajo una fotografía de tamaño carné junto a la fecha de nacimiento, el color del pelo y de los ojos, el peso, la altura, el día y el lugar de su desaparición… Cada uno de ellos se había convertido en un espacio vacío para sus familiares y en un enigma para quienes veíamos su rostro en un cartón de leche o en la propaganda que la compañía ADVO Shopwise metía en los buzones de todo el país con bastante frecuencia cuando me fui a vivir a Los Ángeles (California) en 1996. Las agencias especializadas en personas desaparecidas decían y siguen diciendo que a veces es posible encontrarlas, siempre y cuando se acuda a solicitar sus servicios enseguida. Aun así, lo primero que les dice la policía a los familiares de un desaparecido es que en el mejor de los casos deben estar preparados para lo peor. Pero lo peor nunca es la muerte, lo peor es la incertidumbre, carecer de información, esperar en silencio pendiente del teléfono, hasta que todo el mundo parece perder interés en un caso, incluso las agencias de investigadores privados, que después de unos meses prefieren renunciar a toda búsqueda infructuosa. Y entonces mucha gente se acuesta sin haber apagado sus televisores, dejándolos parpadear con la pantalla en blanco durante la noche entera.

Recordé todo esto hace unos años, cuando me concedieron una plaza como profesor en Virginia Occidental y mientras veía uno de los retratos de *The Interview Project* (2009). El entrevistado en cuestión era un tal Danny Bloxton de Oak Hill, el lugar adonde iba a dar clase en el condado de Fayette. Aquel hombre tenía 77 años en el momento de la filmación aunque parecía mucho mayor. Estaba sentado en el porche de su casa prefabricada, con un jardín en el que podían verse un vehículo y una caravana en desuso. Tal como relataba su vida, muy alejado de cualquier dramatismo, había crecido sin padre y con su madre agobiada por las facturas. Una hermana suya murió bastante joven, y él y el resto de sus hermanos lo máximo a lo que podían aspirar era a ir al cine de vez en cuando si conseguían once centavos. Se graduó ya mayor, y poco más. La vida en adelante se le había pasado aprisa, carente de los sueños de otra gente. No sabemos si alguna vez llegó a escaparse lejos aunque solo fuese temporalmente o si vivió atrapado en el mismo sitio durante toda su vida, pero intuimos que quizás fue más bien lo segundo que lo primero.

En mis paseos exploratorios por Oak Hill busqué su casa de manera infructuosa. Podía estar en cualquier parte y cualquier parte en una ciudad e incluso en un pueblo de Virginia Occidental supone cubrir larguísimas distancias porque entre casa y casa pueden abrirse interminables descampados donde en otra época hubo negocios y donde hoy ya solo quedan naves abandonadas o la nada. Además, habían pasado seis años desde la filmación de aquella pieza para *The Interview Project* y Danny Bloxton podía estar muerto y enterrado. Nadie lo conocía. Si bien su nombre les sonaba a unas cuantas personas a quienes les pregunté, su descripción no se ajustaba a nadie que hubiesen tratado alguna vez. Ni en los supermercados, ni en las gasolineras, ni en las licorerías, ni en la farmacia del Right Aid. Podría haber preguntado también en las iglesias pero me rendí al comprobar que había más de treinta, muy distantes unas de otras. Estaba claro que yo no estaba hecho para tareas detectivescas, al menos a la antigua usanza. Y, por desgracia, internet me sirvió de poco. En la pantalla, al utilizar diferentes buscadores, siempre aparecían otros Danny Bloxton, multiplicándose uno tras otro y llevándome a un enorme número de posibilidades, ninguna lo bastante fiable para hacerme creer que iba por el buen camino. Su nombre debía de ser muy común en el condado de Fayette, sin embargo no se abría camino entre las 120 piezas de *The Interview Project*, al que nunca aparecía asociado en mis búsquedas a través de internet.

Como en el cerebro siempre se producen intersecciones imprevisibles, mi fracaso en aquella búsqueda me llevó a pensar en Robert Walser. No solo en su obra, también en su vida. Me vinieron a la mente todos sus personajes dispuestos a servir sin rechistar, a no aspirar a nada, disolviéndose poco a poco entre los pliegues de una de las prosas más admirables del siglo xx. Gente viviendo en una distancia perpetua pese a tener cerca la posibilidad del amor o de la amistad. Fantasmas voluntarios en un mundo de guerras y exterminios, y capitalismo redundante en el que todos somos piezas sustituibles. Seres casi intrascendentes si no fuese por su determinación a anticiparse al final de sus propias historias. Ahí es donde radica su enigma. Creo que por ese motivo han generado tantos lectores, personas dispuestas a desentrañar el misterio, detectives para quienes resolver el problema de una identidad elusiva como la del autor de *Jakob von Gunten* equivale a desentrañar la verdad, una verdad íntima que en el fondo nos afecta a nosotros mismos. Lo que está claro es que Walser nos despistó a todos. Desapareció antes de desaparecer. Escribió sus últimas piezas con una letra minúscula, usando lápices porque no impregnan el papel como una pluma y porque así los textos coqueteaban con una desaparición más rápida. Luego pasó los 23 últimos años de su vida en el manicomio suizo de Herisau, enloqueciendo y dando paseos hasta que el 25 de diciembre de 1956 dos estudiantes encontraron su cuerpo sobre la nieve.

A estas alturas Walser continúa intrigándonos, por eso leemos su biografía e indagamos en su misteriosa obra, como si buscásemos en ella una solución a las desapariciones que nos rodean y de las cuales nadie parece darse

Retrato de una dama de origen ruso, de quien hoy seguramente ya nadie se acuerda, en su tumba sin flores en la isla de San Michele, en Venecia, 2018

cuenta. ¿Queremos de ese modo evitar nuestra propia desaparición? ¿Fue ese el motivo que me hizo interesarme por Danny Bloxton? Es posible. Aun así, era consciente de las radicales diferencias entre Walser y Bloxton, un escritor frente a un trabajador. Víctimas de batallas muy diferentes, uno de la literatura, otro del capitalismo. La diferencia es obvia: la literatura puede silenciar pero nunca olvida por completo (a no ser que se quemen sus evidencias), mientras que el capitalismo borra sin titubeos a quienes le resultan prescindibles. A Walser lo salvaron los libros que había escrito antes de pedir ser internado en un manicomio y que un escritor «activo» como Carl Seelig, que entendía la literatura como algo mucho más allá de su propia (e ingente) obra, se convirtiese en el amanuense que fijó con minuciosa paciencia los *Microgramas* en un formato legible para futuros lectores. Bloxton, por su parte, no había escrito nada y solo parecía condenado a contemplar su vida con paciencia, como si fuera un momento largo que tuviera que aguantar, pese a sus tres minutos de gloria en *The Interview Project*, y por supuesto pese a mis nulas dotes como detective privado para encontrar sus huellas y hacer luego algo al respecto.

En la atmósfera que nos rodea, pese a internet y las redes sociales, parece haber una impunidad absoluta para las desapariciones. Tenemos una colosal ventana al mundo que a menudo difumina nuestra percepción real más inmediata. Es decir, vemos más allá pero no vemos cuanto hay delante de nuestras narices. Atendemos de tal modo a las diásporas de ucranianos o gazatíes que permitimos que nuestro mundo más inmediato se quiebre y difícilmente esté en condiciones de proporcionar un cobijo fiable a los demás. Rusia lanza advertencias contra el resto de países europeos cuando muestran su disconformidad con cuanto hace en Ucrania, reavivando miedos más propios de la Guerra Fría e impone a los rusos medidas de austeridad de catastróficas consecuencias. Usa a filo rusos del Donbas para justificar el castigo del resto de la población y con su intervencionismo patriotero pretende ocultar su interés por Crimea y el control militar y económico del Mar Negro, en una de esas piruetas tan propias del imperialismo.

Sentí interés hacia *The Interview Project* cuando vi el nombre de David Lynch asociado a él. De hecho, por un momento pensé que lo había realizado él mismo al dejarme llevar por la pereza de las redes sociales y muchos *blogs* donde se daba por hecho que era su último trabajo como director. Pero no. En realidad, era un proyecto conjunto de su hijo Austin y Jason S., dos jóvenes que recorrieron 20.000 millas a lo largo de siete meses, filmando entrevistas de entre una y dos horas con gente común en las localidades más remotas de Estados Unidos. Aunque no tenían un plan concreto, querían saber dónde habían desembocado los sueños de los norteamericanos y cuándo se había producido su primer contacto con la muerte. Tres minutos de montaje sintetizan las respuestas de cada uno de los entrevistados, de edades, razas y estatus diferentes, cuyo rasgo común es la falta de dimensiones épicas de sus vidas. Unos no tuvieron suerte o la desaprovecharon, otros ni siquiera desean recordar; los más afortunados nos revelan algunas de sus virtudes (como hornear buenos pasteles) o piden ser recordados por haber intentado contagiar alegría a su alrededor. La mayoría le habla a la cámara desde la entrada de sus casas, sentados en el porche viendo pasar las horas o los coches por una carretera adyacente; algunos están en tránsito, caminando o al lado de sus vehículos.

No parecen productos de las enormes posibilidades que promete el capitalismo sino sus epitafios. Son gente a la que las grades narraciones de Philip Roth o Don DeLillo les están vedadas y cuya máxima aspiración podría ser un poema de Edgar Lee Master para la *Antología de Spoon River* o un cuento de Raymond Carver. Viven en las periferias, envueltos en el anonimato. Sin embargo, juntos producen un fresco de grandes y desasosegantes proporciones, como el de las víctimas de Ciudad Juárez en *2666* de Roberto Bolaño. Las leves variantes de sus imágenes y las extrañas rimas entre sus existencias dan forma a un proyecto de aliento poético pero también político.

El cine convencional habría transformado *The Interview Project* seguramente en un poema homérico en el cual morir o haber sufrido encontrasen una compensación, en forma de indignada denuncia o de canto a los soldados caídos en una batalla. Tal como los vemos en su página *web*, no nos parecen las conclusiones de una investigación, tan solo sus pruebas. David Lynch introduce cada retrato con un comentario leve: «Brenda siempre soñó con ser bailarina», «Kirstin trabaja en una tienda de *bagels*», «Jason monta en bicicleta»… Sus palabras rechazan los heroísmos y los dramas. A veces podrían recordarnos al corrosivo humor de Alfred Hitchcock presentando los episodios de la serie a la que dio nombre entre 1955 y 1965. La diferencia entre ambos consiste en el tipo de bisturí que cada uno utiliza para hacer su particular lección de anatomía de una imagen: Hitchcock la ironía y Lynch el surrealismo.

The Interview Project rechaza el lado mítico, y por lo tanto mercantil, del cine. Utiliza 121 retratos a modo de variaciones sobre un mismo hecho que en su multiplicidad y en su reiteración produce un perturbador efecto, muy cercano al de ciertas noticias en la sección de sucesos de los periódicos o a las novelas en tres líneas de Félix Fénéon. Si en estas últimas observamos la posibilidad de sintetizar una novela en un párrafo, una frase o unas pocas palabras (un nombre), en las piezas de *The Interview Project* observamos la posibilidad de sintetizar un largometraje en un cortometraje, una secuencia o un plano. Por supuesto, el tempo fílmico no es el mismo en un cine que en internet.

En un cine el espacio nos priva de experiencias simultáneas, en internet es todo lo contrario.

W. G. Sebald decía en *El paseante solitario* que sin la intervención de Carl Seeling en la vida de Robert Walser, posiblemente nunca lo habríamos recuperado como escritor y nos habríamos perdido una de las obras literarias más importantes del siglo xx. Al recuperarlo como escritor, no obstante, le hemos negado una vida real y en lugar de eso hemos deformado los hechos y los hemos simplificado, convirtiendo su estancia en un manicomio o la redacción de los *Microgramas* en parques de atracciones para nuestra imaginación consumista, para fabricar un héroe allí donde hubo un enfermo que no escribió una línea los últimos 23 años de su vida y que murió solo. Calculo que esas simplificaciones nos ayudan a negar el drama y la tragedia, ofreciéndonos ejemplos que no nos reduzcan a la categoría de seres humanos. Quizás por eso hay tanta gente que atribuye *The Interview Project* a David Lynch, concediéndole así un prestigio que en otro caso le negarían y transformando sus incompletos retratos reales en posibilidades narrativas que los hacen menos incómodos.

Con sus revoluciones, guerras, golpes de estado, dictaduras y exterminios, el siglo xx se proyecta sobre nosotros como un siglo de imágenes de desaparecidos, de personajes de una novela de Patrick Modiano en la que la identidad es un territorio frágil e inestable. Con las catastróficas consecuencias del capitalismo indiscriminado, que ha continuado la tarea de borrarnos a todos sin apenas trámites, el siglo xxi será el de los detectives salvajes con quienes soñó Roberto Bolaño, o no será.

El borrado de las imágenes es tan dañino como su indiscriminada proliferación porque reduce las evidencias que afianzan nuestras identidades. No hace mucho, viendo el álbum familiar de un amigo, me sorprendió que él apenas apareciese en las fotografías y que de una parte significativa de su vida, entre los quince y los treinta años, no quedasen rastros, como si durante ese periodo no hubiera existido o como si hubiese querido borrar las huellas de un delito. Cuando cerré aquel álbum, me sentí bastante incómodo. Mi amigo lo notó pero no dijo nada. En adelante ya nunca he podido evitar cierto estremecimiento al coincidir con él, porque me persigue la sensación de que cada palabra que sale de su boca arrastra un silencio, cada parpadeo de luz viene precedido por un segundo de tinieblas. Al mirarle a la cara, noto una especie de abismo y me imagino a mí mismo precipitándome en él, sin que llegue jamás al fondo. He dejado de saber quién es, si de verdad soy su amigo o si él es amigo mío. A su lado, las cosas se han vuelto relativas, las conversaciones han perdido fluidez, la sinceridad se ha transformado en cautela.

En la sala de lectura de los marineros de Southwold, el escritor W. G. Sebald hizo un descubrimiento mientras leía las entradas del registro de los barcos que habían atracado o pasado por allí en 1914: «siempre que descifro uno de esos nombres me sorprendo al comprobar que la pista de algo que ha desaparecido en el agua hace tiempo todavía permanece visible en el papel». Se refiere a todo tipo de embarcaciones: de vela, recreo, pesca, remo, guerra, mercantes… Ante su mirada, poco importan las dimensiones más modestas en el velamen o la eslora, tampoco importan el rango, la tripulación o las misiones a llevar a cabo por un navío. Son los nombres, las descripciones, la escritura esquiva pero firme que poco a poco se convierte en una corriente marina, lo que lo sorprende mientras lee, medita, toma notas o simplemente mira desde una ventana cómo las olas a veces rompen con ímpetu contra el paseo. Imagino un efecto semejante en Patrick Modiano cuando visita hemerotecas y archivos en busca de nombres que ya no aparecen en el listín telefónico de París ni se amalgaman en las intrincadas redes de internet. Ambos escritores, de mirada científica y aliento poético, minuciosos y reiterativos, incapaces de dar ninguna búsqueda por acabada, entienden que la Historia con mayúsculas puede empezar con minúsculas y transformarse a continuación en otra cosa. Eso explica que un extraño comportamiento en el mundo animal acabe transformándose en un reflejo del Holocausto, como sucede en *Los anillos de Saturno*, o que la elusiva historia de una judía de 15 años desaparecida en 1941 y de cuya existencia da cuenta una pequeña nota en un periódico fuera de circulación hace tiempo se transforme en una batalla de la literatura para dar forma a la realidad, como sucede en *Dora Bruder*.

Hace poco murió la cineasta Chantal Akerman, en quien he pensado a menudo mientras veía los retratos de *The Interview Project*. Su batalla contra la depresión y a favor de encontrar huellas de su identidad en los lugares más remotos, en la gente más diversa, siempre me ha parecido una característica muy propia de nuestra época, una época de colapso para las instituciones sociales, una época sin continuidad para los movimientos cinematográficos o para las generaciones literarias, en la que cada cual reclama su individualismo. Akerman no buscaba su identidad a costa de los demás sino a través de ellos, un poco como hace *The Interview Project* al permitirnos a los espectadores que sumemos algunos de nuestros rasgos a los retratos incompletos que nos presenta, para completarlos. Si para pintar buenos retratos es preciso haber practicado antes con el autorretrato, tal como aconsejaba John Berger, supongo que para conseguir una imagen cabal de nosotros mismos es preciso haber contemplado antes imágenes de los demás.

En *De l'autre côté* (2002), Chantal Akerman sigue las huellas de una mexicana que ha conseguido cruzar la frontera con Estados Unidos. Durante un tiempo le envía cartas a su hijo y de vez en cuando dinero. Un día, no obstante, las cartas y el dinero dejan de llegar. Después de seguir su rastro a través de varias habitaciones de alquiler en diferentes localidades donde ya nadie recuerda a la mujer, en su último domicilio conocido la casera todavía se acuerda de ella y se extraña cuando piensa en su repentina desaparición, dejando tras de sí el dinero del último mes de alquiler y una gabardina. Desde entonces no volvió a verla aunque una vez, durante una celebración en un barrio hispano, creyó distinguirla entre la multitud, pero pudo ser —como añade Chantal Akerman— solo un efecto de la necesidad de imaginar que tenemos en nuestro mundo tan real.

FUEGOS

Hillel HaGadol, Hillel HaZaken, Hillel HaBavli...
Aprende todos mis nombres y seguirás sin conocerme.
Llámame simplemente Hillel y añade el babilonio si así
lo prefieres. Y recuerda que pude haber sido mercader y
surcar los mares, pero ese destino lo dejé en manos de
mi hermano; para mí preferí cosas más mundanas, como
cortar la madera primero y leer la *Torah* después. Hay
quienes dicen que fui sabio porque había leído todos los
libros, sin darse cuenta de que en realidad quienes han
leído todos los libros saben que solo hay un libro, que
cabe resumir en una frase: «No le desees al prójimo lo que
no desearías para ti», el resto son meros comentarios que
hoy en día escribiríais a pie de página y que nosotros antes
escribíamos en los márgenes o en el centro de las páginas.
También hay quienes dicen que fui maestro de Jesucristo,
a quien enseñé a escribir todos los libros como si fueran
uno solo, aunque eso yo lo hice con muchos niños y jóvenes, y cualquiera recuerda ahora mismo sus nombres
o si uno de ellos fue al que luego llamaron Niño Dios.
Enseñé a tantos que únicamente los identifico cuando
veo sus rúbricas de saludo o despedida en los pergaminos
donde, con letra apretada, copié la *Torah* y en torno a ella
añadí mi vida y las vidas de cuantos a mí se acercaron.
De esa manera, el día en que ya no vivamos, se nos podrá
buscar por escrito y seguir dialogando con nosotros. A los
libros, sin embargo, llegué con una edad avanzada. No

fui un lector precoz ni mostré un interés desmedido por aprender otra cosa que las oraciones que mi padre rezaba en sus lances más aciagos, al menos durante mi infancia. Iba con él a un lugar del bosque, siempre el mismo, y allí le ayudaba a recoger madera suficiente para alimentar un fuego desde la caída de la noche y hasta el alba, mientras ambos rezábamos en una lengua que, salvo a él, nunca había oído en boca de nadie más. El bosque, el fuego y las oraciones operaban milagros, mi padre lo sabía y me lo enseñó a modo de herencia. A su muerte, yo me mudé a una ciudad donde a los carpinteros se nos permitiese vivir de la profesión y no tuviésemos que ayunar dos de cada cinco días, una ciudad con trabajo suficiente para vivir y tiempo libre para dotar de significado a la vida. Me precedió la fama de mi padre, a quien la gente consideraba un mago porque con su bosque, su fuego y sus oraciones había paliado la desdicha de muchos. De la misma forma que habían acudido a él en busca de su sabiduría, acudieron luego a mí. Por desgracia, para entonces yo vivía lejos del bosque de mi infancia y de cualquier otro, la madera la necesitaba para trabajar y no para alimentar fuegos, y de los rezos que había repetido con mi padre apenas me acordaba, por falta de práctica. Intenté, pese a todo, encontrar un bosque con ramas suficientes para hacer fuegos y sustituía los viejos rezos por unos nuevos, pero el milagro no volvió a operarse como cuando mi padre vivía. De ahí que comenzase a contar en forma de relato estas cosas a quienes a mí acudían, y de inmediato me daba cuenta del valor de las historias, que al menos conseguían sacar una sonrisa esperanzada a quienes me escuchaban. Terminada la historia, unos y otros se iban satisfechos y expectantes. «Quien tiene un relato, tiene un futuro», me decían algunos. Fue de ese modo como el bosque, el fuego y los rezos comenzaron a ir de boca en boca, y de poco sirvieron mis desmentidos cuando alguien me señalaba como creador del milagro y yo mencionaba a mi padre, a quien seguramente aquella asombrosa práctica le había llegado a través de su padre y a este último a través del suyo… Cuál fue su origen o a quién se debe son preguntas sin respuesta porque quizás todos tuvimos algo que ver en ellas y no solo la nariz de Cleopatra, ante la que cayó rendido el imperio romano. Las historias las movemos unos y otros con nuestro aliento y hasta nuestro último aliento. A mi familia, por ejemplo, nunca le sonrió la suerte pero desde muchas generaciones atrás nos anunciaron la llegada de un elefante verde que pondría las cosas en su sitio, con la buena nueva de fortuna y salud. Por eso ni mis padres ni mis tíos desfallecieron pese al infortunio, y tampoco sus padres. Aunque su situación fuese de mal en peor, siempre recordaban la inminencia del elefante verde, para sanar al enfermo y compensar al pobre. Un primo mío que quiso huir de la maldición que parecíamos arrastrar, reculó cuando ya andaba por tierras persas, al ver en un mercado de Bujara a un niño mientras dibujaba la silueta de un elefante al que él imaginó verde antes de que estuviese terminado. En su lecho de muerte, un pariente lejano de cuyo nombre nadie en mi familia ha conseguido acordarse aseguró escuchar un elefante acercándosele segundos antes de expirar. Incluso nuestros perros y gatos, si se paraban de repente, nos parecía que presentían al paquidermo cerca. Mi padre me contaba estas cosas en nuestras visitas al bosque, después de haberse extinguido el fuego y acallado los rezos. Hace ya mucho tiempo, a punto yo mismo de morir, se me acercaron fariseos y escribas de la casa de Sammai, enemigos míos no declarados aunque ninguno me viese con buenos ojos y sus intenciones no fuesen otras que introducir interpretaciones a mis historias para que ya nadie pudiera entenderlas libremente, como a mí me gustaba, y todo el mundo tuviese que escuchar, memorizar y repetir las de aquellos fantasmones. Querían saber el significado del elefante verde y yo, con las escasas fuerzas que me quedaban, les intenté hacer entender que las historias y los relatos son inmortales porque en el fondo no dicen nada, no los leemos ni los escuchamos para informarnos de algo, sus significados vienen y van, son caprichosos. Interpretar es morir, detenerse es morir. El movimiento en las historias y los relatos calienta el corazón, como una hoguera.

Bibliografía sugerida

AMIS, Martin, *La zona de interés*, Editorial Anagrama, Barcelona, 2015.

ARENDT, Hannah, *Eichmann en Jerusalén*, Debolsillo, Barcelona, 2006.

DIDI-HUBERMAN, Georges, *Imágenes pese a todo. Memoria visual del Holocausto*, Ediciones Paidós, Barcelona, 2014.

LEVI, Primo, *Los hundidos y los salvados*, Ediciones Península, Barcelona, 2014.

—, *Si esto es un hombre*, Austral, Barcelona, 2018.

LOZANO AGUILAR, Arturo (Coord.), *La memoria de los campos. El cine y los campos de concentración nazis*, Ediciones de la Mirada, Valencia, 1999.

PENA, Jaime, *El cine después de Auschwitz. Representaciones de la ausencia en el cine moderno y contemporáneo*. Cátedra, Madrid, 2020.

RODRÍGUEZ, Hilario J., *El cine bélico. La guerra y sus personajes*, Ediciones Paidós, Barcelona, 2006.

Filmografía sugerida

Noche y niebla (*Nuit et brouillard*, 1955, Alain Resnais).

Le temps de ghetto (1961, Frédéric Rossif).

Vencedores o vencidos (*Judgement at Nuremberg*, 1961, Stanley Kramer).

La pasajera (*Pasazerka*, 1963, Andrzej Munk).

The War Game (1965, Peter Watkins).

Shoah (1985, Claude Lanzmann).

La lista de Schindler (*Schindler's List*, 1993, Steven Spielberg).

A Malestrom (1993, Péter Forgács).

Sobibor, 14 de octubre de 1943, 16 horas (*Sobibor: 14 octobre 1943, 16 heures*, 2001, Claude Lanzmann).

Los rubios (2003, Albertina Carri).

S-21: La máquina de matar de los jemeres rojos (*S-21: La machine de mort Khmère rouge,* 2003, Rithy Panh).

El acto de matar (*The Act of Killing,* 2013, Joshua Oppenheimer y Christine Cynn).

El último de los injustos (*Le dernier des injustes,* 2013, Claude Lanzmann).

La imagen perdida (*L'image manquante,* 2013, Rithy Panh).

Hijo de Saul (*Saul fia,* 2015, László Nemes).

Austerlitz (2016, Sergei Loznitsa)

Negación (*Denial,* 2016, Mick Jackson).

Agradecimientos

Hay un arte que está diseñado para el lector, no para el espectador. Hay un arte que se lee, no se ve. Hay países que no se ven, se leen. Hay desiertos que no están hechos de arena sino de palabras.

El autor de este libro no quiere cerrarlo en falso. Por eso hará a continuación un recordatorio de las personas a las que les debe, en mayor o menor medida, alguna de las líneas de sus diferentes capítulos. Como la lista ya es de por sí larga, no voy a detenerme en la contribución de cada persona para que yo llevase a cabo los diferentes trabajos e investigaciones que dan forma a *Después de Auschwitz*. Mi agradecimiento a Primo Levi, Jean Améry,

Alain Resnais, Hannah Arendt, Jacques Rivette, Jorge Semprún, Serge Daney, Claude Lanzmann, Eva Palencia, Georges Didi-Huberman, Antonio Muñoz Molina, Ramón Lluís Bande, Xuan Bello, Fran Gayo, Albertina Carri, Javier Rebollo, Jaime Pena, Salvador Llopart, Quim Casas, Ángel Garcés Constante, Daniel Blaufuks, Antonio Delgado Liz, Cristina Grande, Péter Forgács, Gloria Gil Bolaño, Celia Paredes Martín, José Luis García Martín, Ramón Monedero, José Ángel Barrueco, Javier Castro, Marisol Salanova, Alfonso Armada, Recaredo Veredas, Ignacio Echevarría, Ramiro Domínguez Hernanz y Ángel Pérez Pascual.